33

MARCHIALY

GRÉGOIRE
OSOHA

ATOME

Éditions Marchialy,
Une maison créée
et dirigée par
Clémence Billault
et Cyril Gay
8, rue Léon-Jouhaux
75010 Paris
www.editions-
marchialy.fr

33

HISTOIRE D'UNE LUTTE COLLECTIVE CONTRE UNE POLLUTION INDUSTRIELLE

▪ MARCHIALY ▪

DU MÊME AUTEUR
AUX ÉDITIONS MARCHIALY

Voyage au Liberland, coécrit avec Timothée Demeillers, 2022

Après plusieurs années chez Amnesty International France, Grégoire Osoha est aujourd'hui journaliste indépendant, réalisateur de documentaires et de podcasts.

ATOME 33

« Hélas, le droit, le droit ; à quoi te sert
le droit pour toi si tu n'as pas le pouvoir ? »

Un ennemi du peuple, Henrik Ibsen

PROLOGUE

LES ENFANTS DE NOTRE-DAME

Portées par une épaisse fumée incandescente atteignant plusieurs centaines de degrés, les particules fines de combustion, composées d'un noyau de carbone et d'une corolle de métaux lourds, s'élancent vers le ciel à travers les cheminées en brique et en béton de la fonderie Horne. Une fois à l'air libre, elles sont vigoureusement emportées par un vent de nord-ouest qui les éparpille dans la ville de Rouyn-Noranda et jusqu'à 50 kilomètres au-delà, dans la forêt du parc national d'Aiguebelle, dans l'extrême ouest du Québec. Doux euphémisme que cette appellation de « particules fines », tant celles-ci sont en fait invisibles à l'œil nu. Curieuse dénomination que celle de métaux lourds pour ces matériaux devenus ici si légers.

Au pied des cheminées, les poussières qui s'échappent des bâtiments de la fonderie contiennent elles aussi des particules inodores et imperceptibles. Il y en a pour tous les goûts. Plomb, nickel, cadmium, arsenic. Celles-ci font leur chemin dans les rues bien quadrillées du quartier Notre-Dame, à proximité immédiate de l'usine. Certaines passent par l'avenue Portelance, puis empruntent la 5e Rue et atteignent la cour de l'école Notre-Dame-de-Protection où, ce matin comme tant d'autres, on joue au foot, à l'élastique, à sauter dans tous les sens ou encore à se chuchoter des secrets dans le creux de l'oreille. Alors qu'un amas de particules poursuit sa course vers les abords du lac Osisko, d'autres tournoient abondamment dans l'air encore glacé de ce mois d'avril, zigzaguent au gré des micro-courants et volettent vers un groupe d'élèves, puis pénètrent dans leurs narines grandes ouvertes. Elles s'enfoncent alors dans leurs poumons et gagnent leur circuit sanguin. Certaines pénètrent dans leur architecture osseuse et s'y logent pour toujours.

Dans la cour bornée par un simple grillage à mailles souples et parsemée de quelques plaques de neige grisonnantes, la sonnerie retentit. Docilement, les enfants quittent la récréation pour rejoindre leur classe. Les particules qui n'ont pas trouvé refuge en leur sein se posent tranquillement sur le bitume. Emportées par le thermique juste avant de toucher terre, une poignée d'entre elles parvient à s'élever une nouvelle fois et reprend sa marche indéterminée dans l'atmosphère, tel le plancton naviguant au gré des courants de l'océan. Au fur et à mesure de leur parcours hasardeux, les particules se désolidarisent et quelques-unes viennent s'écraser sur une vitre du centre hospitalier de Rouyn-Noranda. De l'autre côté de la fenêtre, le pédiatre Pierre Vincelette, l'air totalement hébété, scrute l'horizon à la recherche d'improbables réponses à ses questions. Quelques heures plus tôt, il a assisté à la restitution d'une étude de santé publique réalisée auprès des enfants du quartier Notre-Dame. Ce qui s'apparentait à un simple contrôle de routine s'est transformé en un gouffre d'inquiétude. Les analyses révèlent une surexposition des enfants à l'arsenic. Leur taux global moyen est 3,7 fois plus élevé que celui du groupe témoin de la ville d'Amos, à 100 kilomètres de là. Les prélèvements pratiqués sur les ongles de certains enfants dépassent même de 40 fois la moyenne d'Amos.

Le souffle court, Pierre Vincelette cherche à rassembler ses idées. Il n'est pas un spécialiste de l'arsenic, mais il en connaît l'essentiel. Il sait que, à haute dose, celui que l'on surnomme le « roi des poisons » peut causer de graves troubles comportementaux et neurodéveloppementaux. Il sait aussi que l'arsenic joue sur l'oxydation du corps humain, libérant ainsi quantité de molécules instables, dont certaines peuvent détériorer les cellules censées protéger du cancer. Il sait enfin que l'arsenic s'accumule dans le corps humain au fil des années et qu'il est impossible de le retirer. Le pédiatre n'a pas besoin d'un dessin pour comprendre ce que cela signifie : plus un enfant est intoxiqué sur la durée, plus les risques de développer un cancer à l'âge adulte sont élevés. Parmi la foule d'images qui se percutent et s'entrechoquent dans son cerveau, comme les autos tamponneuses d'une fête foraine lancées à pleine vitesse, reviennent inlassablement les fumées de la fonderie et les visages d'Olivier et de Camille, ses petits-enfants âgés de 2 et 4 ans.

1 LE LAC DES RATS MUSQUÉS

La carte de l'Abitibi-Témiscamingue est tachetée d'une myriade de confettis bleus, symbolisant les milliers de lacs, étangs et bassins qui constellent la région. Il y en a de plus ou moins ronds, de plus ou moins longs, de plus ou moins larges et de plus ou moins ciselés. Certains sont très éloignés de leurs voisins les plus proches, d'autres regroupés en chapelets disparates. La plupart sont reliés par de fins liserés du même bleu azur, représentant rivières et cours d'eau. Ces rubans parfois entremêlés donnent à l'ensemble l'apparence d'un circuit neuronal complexe.

En anicinabe, la langue parlée par le premier peuple autochtone connu de la région, *abitibi* signifie « là où les eaux se séparent », et *temiscamingue* « lac aux eaux profondes ». L'une des premières fois où l'on a dessiné sur du papier le confetti bleu appelé Osisko date de 1895. L'arpenteur

John Bignell avait demandé à ses guides comment s'appelait cette vaste étendue d'eau d'environ 7 kilomètres carrés et ceux-ci lui avaient répondu quelque chose à mi-chemin entre « o-sik-sko » et « o-chi-sko ». Ils avaient ensuite expliqué que, dans leur langue, cela signifiait « rat musqué ». Bignell en avait pris note et avait ajouté tout autour de son croquis les essences d'arbres qu'il avait reconnues : bouleaux, trembles, épicéas, cèdres, mélèzes et sapins.

Des fouilles archéologiques récentes ont démontré que le lac était déjà fréquenté il y a huit mille ans. Bien avant l'arrivée des colons européens au XVIe siècle et bien avant que ceux-ci ne créent la « réserve des sauvages de Timiskaming », à 100 kilomètres au sud du lac Osisko, en 1853. Théoriquement, le lac était en dehors du territoire « réservé » aux Anicinabek. Mais il est plus que probable que, en hiver, certains d'entre eux venaient y chasser. Vison, pékan, renard, lièvre, belette. Autant d'animaux qu'il était possible de piéger au collet et dont on se repaissait goulûment de la chair, après bien sûr les avoir écorchés sur une planche pour en retirer la fourrure, prisée tant des Indiens que des colons. Les MacKimoot, deux frères du peuple anicinabe établis au sud de la rivière Winneway, étaient, semble-t-il, des trappeurs de la région. L'un s'appelait Daniel, le prénom de l'autre s'est perdu dans l'obscure densité de l'immense forêt boréale, avant d'avoir eu le temps de s'inscrire dans les livres d'histoire. Dans la tradition orale de la réserve de Timiskaming, on raconte qu'un jour de printemps sans nuages, à la faveur d'une végétation encore endormie, ils auraient découvert aux abords du lac Osisko un morceau de roche jaune qui brillait au soleil.

Le prospecteur Edmund Horne a-t-il entendu parler de ce récit lorsque, après avoir écumé les terres de Colombie-Britannique, de Californie et du Colorado, à la recherche de métaux précieux, il part explorer l'Abitibi et le Témiscamingue? L'histoire ne le dit pas. Ce que l'on sait, en revanche, c'est qu'en 1911 il quitte le village d'Haileybury en Ontario à bord d'un canot, franchit la frontière québécoise, passe le campement d'Angliers, puis traverse le lac des Quinze et le lac Roger avant de fendre les rivières des Outaouais, Kinojévis et Harricana, et atteint enfin, grâce à un chemin de portage, le lac Osisko. Il doit certainement y repérer des indices de minéralisation alléchants puisqu'il achète plusieurs concessions. Au Canada, la loi sur les mines - encore en cours aujourd'hui - permet à n'importe quel prospecteur d'enregistrer, pour une poignée de dollars, un permis de recherche et d'exploration sur un territoire de plusieurs hectares. En échange de ce *claim*, le prospecteur s'engage à exploiter le sous-sol de sa concession et à verser une redevance sur ses gains à l'État canadien.

À plusieurs reprises pendant les dix années qui suivent, sitôt perceptibles les prémices du printemps, Edmund Horne retourne au lac Osisko pour borner ses terrains, examiner le sol en quête d'un filon intéressant. Il y côtoie d'autres prospecteurs. Des pionniers dénommés Renaud, Poisson, Gamble ou Harvey. Boussole autour du cou, loupe à la ceinture et l'ardent désir de faire fortune comme combustible. Les hommes vivent sous des tentes en attendant que les bûcherons bâtissent les premières cabanes en bois rond typiques du Canada. Ils passent la moitié de leurs journées à gratter la terre à coups de pioche dans l'espoir d'y trouver l'amorce d'une veine métallique, une nervure prometteuse, et l'autre à chasser les mouches qui viennent se coller à la sueur qui dégouline de chaque pore de leur peau. Parfois, il faut faire avec les trombes d'eau qui se déversent du ciel des jours durant. Le soir, muni d'un compas, Edmund Horne reporte sur sa carte les acres qu'il a passées au peigne fin et étiquette les échantillons de rocaille qu'il a prélevés et fera analyser à son retour. Après la tambouille, forcément rudimentaire, il demande si les autres ont trouvé quelque chose, avec un soupçon d'angoisse. Si c'est un oui, ça peut vouloir dire que toute la zone, y compris la sienne, est concernée. Mais au fond de lui, il veut être le premier à déceler la trace du trésor promis enfoui sous la roche. On raconte qu'un jour le vieux Horne aurait accidentellement renversé une lanterne dont la flamme aurait embrasé les broussailles environnantes. C'est en sortant du lac où il aurait plongé pour sauver sa vie qu'Edmund aurait aperçu un affleurement qu'il n'avait pas encore pris le temps de défricher. Il venait de trouver la localisation exacte d'un gisement d'où seraient bientôt extraits des millions de tonnes de minerais. Du cuivre, de l'argent et de l'or, qui feraient gagner à l'emplacement le pertinent surnom de Jewellery, la « Bijouterie ».

2 DOUCE REBELLE

Avril 2019

Le Dr Pierre Vincelette a grandi et fait ses études de médecine à Montréal, où il a rencontré sa femme Mychelle, future anesthésiste. Tous deux n'étaient pas de mauvais élèves et auraient pu s'établir dans un service réputé de la métropole, mais cela ne correspondait pas à leur vision de la médecine. Trop impersonnel, trop cloisonné entre spécialités. Alors, quand au début des années 1970 un confrère gynécologue a proposé à Pierre de le rejoindre à Rouyn-Noranda, ville de 30 000 habitants en manque de pédiatres depuis une dizaine d'années, Mychelle et lui n'ont pas vraiment hésité. Et l'avenir leur avait jusque-là donné raison. Le couple a adoré ses quarante années passées dans le quartier Notre-Dame, où il s'est rapidement installé. La proximité de l'hôpital, situé à seulement cinq minutes à pied de leur domicile. Les enfilades de maisons bigarrées, si charmantes avec leur perron débouchant sur un vestibule protubérant et leur toit en pente douce à plusieurs versants. La diversité culturelle et sociale qui n'existe nulle part ailleurs en ville. Ici, dans une ambiance remuante, se côtoient jeunes, vieux, familles, ouvriers, cadres, artistes, descendants d'Europe de l'Ouest, de l'Est et même d'ailleurs. Comme la reproduction d'une cité babylonienne à toute petite échelle. Plusieurs classes sociales coexistent dans le quartier, mais l'entraide ne laisse personne sombrer dans la grande précarité. En l'espace de quelques centaines de mètres, on passe d'un centre de congrès huppé à une banque alimentaire, d'une arène de 3 000 places assises dédiée au hockey sur glace à un café-librairie bourgeois-bohème, d'un fast-food spécialisé en poutine à un théâtre « accueillant, bienveillant et inclusif ». Le tout dans un style légèrement suranné et néanmoins toujours fringant. Bref, selon Pierre et Mychelle, un lieu idéal pour pratiquer une médecine qui a du sens, passer du bon temps et élever trois enfants. À condition de faire avec les nuées de poussière et le bourdonnement quasi constant de la fonderie Horne. Mais à cela le couple avait fini par s'habituer.

En 2019, lorsque Pierre découvre les résultats de l'étude de santé publique, sa carrière est derrière lui. Grâce à la création de son unité de néonatalogie, la mortalité infantile a fortement diminué dans la région. Plusieurs enfants prématurés, autrefois condamnés à mourir sur place ou à se faire soigner à Montréal, ont pu survivre, se rétablir et grandir à Rouyn-Noranda. Au cours de ses années d'exercice, Pierre a acquis la reconnaissance de ses collègues, qu'il a contribué à former, et de son administration, auprès de laquelle il a glané des financements pour renforcer ses équipements. Plus important encore, il a obtenu la gratitude des parents qu'il a toujours mis au centre du parcours de soins de leurs enfants.

Comment désormais expliquer à ces mêmes parents que leurs petits sont depuis des années exposés à un grave danger ? Pierre se sent coupable de n'avoir pas pressenti que l'activité de cette fonderie qui crache ses poumons sur la ville n'était peut-être pas sans conséquence sur la santé de ses patients. Coupable de ne pas avoir joué son rôle de vigie et d'avoir ainsi trahi la confiance placée en lui par la population, ses voisins, ses amis. Il s'en veut aussi d'avoir choisi d'élever et de scolariser ses propres enfants à quelques encablures du démon. Et il s'en veut enfin d'avoir convaincu sa petite dernière, Mireille, de récupérer sa maison, devenue trop grande pour un couple de retraités, afin de s'y installer avec son compagnon et ses deux enfants, pendant que lui et sa femme iraient habiter dans celle du voisin, rachetée à bon prix.

Quelques jours plus tard, sa fille, Mireille Vincelette, reçoit un e-mail du Centre intégré de santé et des services sociaux.

> À l'automne 2018, vous avez accepté de participer à l'étude de biosurveillance menée par la Direction de santé publique de l'Abitibi-Témiscamingue. Comme convenu, vous trouverez ci-bas l'ensemble des résultats concernant Camille et Olivier.

La concentration d'arsenic mesurée dans les ongles du fils cadet est quatre fois supérieure à celle du groupe témoin. Pour l'aînée, c'est pire encore. Les résultats indiquent une concentration dix fois supérieure à celle des enfants d'Amos. Mireille et son conjoint commencent par se demander comment ces résultats sont possibles. Camille et Olivier passent le plus clair de leur temps dans une garderie dans le nord de la ville, à l'abri des vents dominants qui charrient habituellement les panaches de la fonderie. C'est vrai qu'ils jouent beaucoup dehors quand ils sont chez eux. Leur maison donne sur le chemin Trémoy, une promenade piétonne le long du lac Osisko. Ils y passent les week-ends à s'amuser et c'est là que Camille a appris à faire du vélo. C'est vrai aussi que la fillette a pris la fâcheuse habitude de porter compulsivement à la bouche tout ce qui lui passe sous la main, à commencer par la neige. C'est plutôt courant par ici. On l'appelle une « mangeuse de neige ». Mais tout de même... des concentrations d'arsenic quatre fois et dix fois supérieures à la moyenne. Évidemment, le couple s'interroge sur la gravité de la situation, mais ça, le document ne le dit pas. La médecin Omobola Sobanjo, qui signe la missive, les invite seulement, « si vous avez des questions ou si vous souhaitez obtenir d'autres explications », à communiquer avec l'équipe de biosurveillance par téléphone ou par e-mail en attendant qu'un rapport plus complet soit rendu public. Le couple est sous le choc. Et ils ne sont pas les seuls.

Dans le quartier, ils sont 48 enfants à être concernés. Chacun avec des niveaux de contamination différents, mais tous bien plus élevés que la moyenne du groupe témoin. La palme revient au petit Ethan. Avec 5 600 nanogrammes (ng) d'arsenic par gramme décelés dans ses ongles, son taux se situe 60 fois au-dessus de la moyenne des enfants d'Amos. Lorsqu'ils se croisent dans la rue en allant faire les courses ou après avoir emmené les enfants à l'école, les parents parlent entre eux. L'inquiétude règne. Mireille comprend qu'Olivier et Camille ne sont pas des cas isolés.

Pour le moment, les adultes tentent de protéger les enfants en taisant l'information. Mais entre eux, la colère gronde. Beaucoup se sentent trahis par leurs aînés. Ceux qui sont nés ici surtout. Ils et elles ont grandi dans les années 1980 et 1990 en faisant confiance à leurs parents, à leurs grands-parents, à leurs enseignants, à leurs coachs de hockey ou à leurs professeurs de musique. Puis, bien souvent, ils sont partis faire leurs études ailleurs. À Québec, Montréal ou Trois-Rivières. Ils y ont même commencé leur vie professionnelle. Mais au moment de choisir où s'installer pour fonder une famille, ils sont nombreux à être revenus dans leur ville natale. Pour se rapprocher de leurs parents, mais aussi et surtout pour profiter d'une meilleure qualité de vie. Comme Pierre Vincelette et sa femme Mychelle auparavant. À Rouyn-Noranda, la vie est tranquille. Il n'y a pas le stress des grandes villes, pas d'heures de pointe, pas d'embouteillages. On peut tout faire à pied. Aucun danger pour les enfants, à part peut-être cet ours noir aperçu à la lisière de la forêt de Granada il y a quelques années. Et puis c'est une ville dynamique qui offre de nombreux services sportifs, sociaux et culturels. Et puis la nature est accessible rapidement. Et puis les prix de l'immobilier sont raisonnables. « Ici, on commence la journée au centre-ville, café et croissant à la main, et on la termine les deux pieds dans le lac à contempler le soleil qui se couche avec un verre d'une microbrasserie locale» souligne le site Internet promotionnel de la ville.

Rouyn-Noranda, la «douce rebelle». À la fois «accueillante» et «audacieuse», «chaleureuse» et «innovante». Tu parles. Tout ça pour se retrouver à gober de l'arsenic à longueur de journée et à crever à petit feu, rongé de l'intérieur. Car les adultes se demandent à quel point eux aussi sont contaminés. Ne faudrait-il pas qu'ils se fassent tester à leur tour? Inconsciemment, on se met à scanner sa mémoire pour faire la liste des personnes victimes de cancer dans son entourage. Et inévitablement, on se met à avoir peur. Peur d'un mal rampant, lancinant, invisible et indétectable. Pour se rassurer, on se dit qu'il n'existe *a priori* aucune étude qui attesterait un lien entre les émissions de la fonderie et d'éventuels risques de maladies à venir. Mais le doute est là. Certains envisagent déjà de déménager, ne serait-ce que de quelques kilomètres, afin de sortir du faisceau direct de l'ennemi, d'éloigner les leurs de cette grêle drue qui ne mouille ni ne tambourine, mais qui endommage insidieusement chacun de vos organes et affaiblit votre capital vital. L'élan retombe vite cependant. À Rouyn-Noranda comme ailleurs, les logements vacants ne sont pas pléthores. Et pour ceux qui sont propriétaires, il faut d'abord vendre avant de penser à se reloger. Or, qui achètera des maisons désormais considérées comme polluées ?

Bien sûr, avec ces hauts fourneaux collés à la ville, il y a toujours eu de quoi s'interroger. Dans les chaumières, on n'en parle pourtant jamais, ou si peu. Simplement pour dire que la fonderie a été modernisée dans les années 1980, que les problèmes de pollution ont été réglés à ce moment-là et que, depuis, il n'y a plus de craintes à avoir. La génération de Mireille a grandi avec la certitude que la fonderie était une chance pour la ville, qu'elle pourvoyait la population en emplois, que c'était grâce à elle si Rouyn-Noranda était le chef-lieu de la région. Ils ont toujours connu les bâtiments en tôle ondulée de l'usine au bout de leur quartier et n'y prêtent même plus attention. Enfants, ils enfourchaient leur bicyclette et arpentaient les ruelles pour se rendre au pied du gros rocher de la 5e Rue – de la taille d'une montagne pour un gamin de 6 ans –, où, tous ensemble, ils jouaient aux gendarmes et aux voleurs, aux cowboys et aux Indiens. La fonderie, dans leur dos, faisait partie du décor. Elle leur servait de repère, de délimitation. En un sens, de son corps massif, elle les protégeait même du monde extérieur.

3 BOOM TOWN

Edmund Horne n'était qu'un « simple » prospecteur. Son désir était de découvrir un gisement comme la Jewellery pour le revendre, pas pour l'exploiter. En 1922, il négocie sa trouvaille à deux puissants investisseurs américains, Sam Thomson et Humphrey Chadbourne. Les deux hommes décident d'appeler leur compagnie Norcanda Mines Limited. Norcanda pour North Canada. Mais la lettre *c* disparaît au moment de l'impression des documents officiels. Va donc pour Noranda. La compagnie obtient le soutien sans réserve du ministre québécois des Mines, Joseph-Édouard Perrault. L'homme – qui intégrera quinze ans plus tard le conseil d'administration de l'entreprise – convainc l'Assemblée du Québec d'investir dans un chemin de fer et des routes pour desservir la mine. Dans la foulée, la Noranda signe un accord avec la Northern Canada Power Commission pour acheminer le courant électrique sur le site de production. En attendant l'édification de ces infrastructures, des dizaines de travailleurs affluent par chaloupes, quand d'autres débarquent en avions de brousse munis de flotteurs, qui utilisent le lac comme piste d'atterrissage. Les premiers employés sont des anglophones expérimentés venus d'Ontario. Ils sont là pour construire les puits, bâtir la fonderie et sa cohorte de bâtiments industriels. Ils sont bientôt rejoints par des immigrés européens, plus enclins à accepter les conditions de travail extrêmes de la mine en sous-sol. Polonais, Russes, Ukrainiens, Finlandais, Allemands, Autrichiens, Serbes, Slovènes, Slovaques sont tous réunis sous la même appellation, *fros*, la contraction de *foreigners*, les « étrangers ».

Rapidement, les dirigeants décident de construire une ville sur la rive nord du lac pour y accueillir les futurs ouvriers. Avec des maisons aussi basses que les rues sont larges et des allées parfaitement parallèles dénommées par des numéros, Noranda prend l'allure d'un petit village de western. En 1926, le directeur de la mine, James Murdoch, en devient le maire par acclamation. Dans ce qui deviendra le quartier Notre-Dame, les habitations des mineurs s'alignent au plus près de l'entrée principale des souterrains, tandis que les cadres de l'entreprise ont le privilège de s'installer juste devant le lac Osisko, dans des maisons plus spacieuses et joliment ornementées.

Au sud, une population interlope vient s'ancrer de manière anarchique dans des baraquements de fortune. Aventuriers, bûcherons, orpailleurs et prostituées espèrent tirer profit de la nouvelle mine. La cité improvisée prend le nom de Rouyn. Elle sera plus tard réunie à sa voisine en une seule et même entité : Rouyn-Noranda. Mais en ce début des années 1920, tout les oppose. Rouyn est aussi foutraque que Noranda est ordonnée. À Rouyn, pas de cadastre. Les nouveaux arrivants construisent en une journée leur maison avec des planches et du goudron. Faute de trottoirs, on piétine dans la caillasse et la boue. Bientôt, néanmoins, le camp de squatteurs se transforme en un village de 600 habitants avec banque, hôtel, magasin général et bureau de poste. Les premières familles s'installent. Dans leur sillage naissent les écoles Saint-Louis-de-Gonzague, Saint-Joseph et Saints-Anges. Comme leur nom l'indique, elles sont créées par des congrégations religieuses. Arrivées dès la genèse de Rouyn, celles-ci tentent, vaille que vaille, de « moraliser » une population de bootleggers et de *gamblers* échauffée par l'appât du gain, l'abondance d'alcool frelaté et l'absence d'agents de police. Les premiers offices sont tenus sous une grande tente montée à la hâte où, paraît-il, il arrive qu'une poignée de cailloux, voire une bouteille de bière vide, vole en direction du représentant de Dieu sur terre. Il en faudrait cependant beaucoup plus pour perturber réellement la messe et décourager l'irrépressible résolution des missionnaires chrétiens évangélistes.

Comme dans toute *boom town* minière, les rues sont le théâtre d'une activité débordante. Tôt le matin, des petits gars à bicyclette délivrent les messages captés au bureau des télégrammes. Ils font en sorte d'éviter les attelages de chevaux qui transbahutent dans des carrioles les blocs de glace commercialisés par Pélissier & Frères ou bien les bouteilles de lait en verre de chez Dallaire. Pour se diriger, ils prennent comme point de repère l'hôtel Albert sur l'avenue Principale et passent devant les commerces en tout genre. Des ateliers de cordonnier, des magasins de linge de maison, des quincailleries, des salles de jeu, des salons de coiffure. On trouve même une librairie à l'angle des rues du Portage et Perreault Est. Les jours de marché, les familles de colons fraîchement débarquées dans la région pour défricher les terres tout autour de Rouyn-Noranda viennent en ville vendre les rares surplus de leurs maigres récoltes. Essentiellement des pommes de terre, des oignons, du chou et des œufs. Plutôt que de tout miser sur l'agriculture, la plupart des hommes se font embaucher comme bûcherons dans des compagnies de bois. Le travail est difficile mais moins hasardeux que celui de labourer une terre inconnue.

Ici comme ailleurs, le labeur, aussi dur soit-il, n'est heureusement pas tout, et les Rouynorandiens savent aussi prendre du bon temps. Le lac fait figure d'épicentre des loisirs. L'été, on s'y baigne depuis une berge aménagée pour la détente. L'hiver, on patine sur sa surface devenue gelée. À quelques encablures, une solide armature en bois de près de 30 mètres de haut soutient une piste de luge vertigineuse. On organise aussi des courses de chiens de traîneau et des balades en raquettes. Plusieurs cinémas ouvrent leurs portes et font salle comble. Les femmes y sont admises, à l'inverse des tavernes où elles ne sont en général pas les bienvenues. Pas plus d'ailleurs qu'au club de golf qui bientôt voit le jour à la périphérie de la ville.

Il ne faudrait cependant pas croire que l'amusement prend le pas sur l'activité de la mine, véritable cœur battant de Rouyn-Noranda. Dans les galeries souterraines sinueuses et exiguës, dont l'inclinaison atteint parfois les 40 degrés et où la chaleur est étouffante, les ouvriers en bottes de mauvais cuir et salopettes brunies par la poussière commencent à extraire des métaux incrustés dans la croûte terrestre depuis des centaines de millions d'années.

Éclairés par des lampes à carbure, les foreurs grattent les murs de pierre qui les empêchent d'avancer et creusent de petits trous cylindriques dans lesquels ils glissent des bâtons de dynamite. Après la détonation, les blocs de roche s'effondrent et s'amoncellent en tas de graviers. Certains de ces monticules demandent encore à être concassés au burin avant d'être déblayés à la pelle dans des wagonnets que les mineurs convoient de sas en sas jusqu'à les hisser à la surface par un système de poulies. Pour motiver les travailleurs dans leurs efforts, les cadres en veste et cravate les menacent chaque jour de ne pas les réembaucher le lendemain s'ils ne remontent pas suffisamment de minerai. L'absence de ventilation sous terre rend l'air irrespirable, les journées sont interminables et il est interdit de se syndiquer. Ainsi va la vie dans les entrailles bouillonnantes de Rouyn-Noranda.
Afin de maximiser leurs profits, Thomson et Chadbourne envisagent très vite de construire une fonderie sur place pour transformer les fragments rocailleux extraits du sous-sol en morceaux de métal prêts à être vendus. Le ministère des Mines de la province suggère qu'elle soit construite à une trentaine de kilomètres au nord, pour nuire le moins possible à la population. Éloigner la fonderie de la mine suppose des frais supplémentaires en transport et en manutention pour l'entreprise.

C'est tout bonnement hors de question pour les directeurs de la Noranda. Ils se rendent donc à Québec en personne pour expliquer en toute simplicité qu'ils suspendront indéfiniment leurs activités si le gouvernement les oblige à changer la localisation de leur usine. C'est le premier rapport de force entre l'État et la Noranda. Face au risque de se priver de redevances significatives, les autorités publiques donnent gain de cause à la compagnie minière. Mieux, celle-ci obtient également une modification législative en sa faveur. À partir de février 1926, « nul propriétaire, locataire, occupant de terrain dans le canton de Rouyn et les cantons adjacents, et nul porteur de permis de coupe de bois dans ces cantons ne peut réclamer d'indemnités pour les dommages causés par les gaz et les fumées délétères produits au cours des opérations d'une usine de fonte, érigée dans le canton de Rouyn... »

Les compagnies forestières des alentours s'empressent alors d'abattre les arbres de leurs domaines pour les vendre avant qu'ils ne soient détruits par les gaz sulfureux dégagés par les hauts-fourneaux. La construction de la fonderie démarre en 1926, à deux pas des excavations et donc des habitations. Deux mille quatre cents tonnes d'acier, 500 000 briques et près de 4 400 mètres cubes de béton sont nécessaires pour ériger plusieurs broyeurs mécaniques, deux gigantesques fours alimentés au charbon, deux convertisseurs ainsi qu'une cheminée – qui sera plus tard rejointe par une sœur jumelle. Impossible désormais d'échapper à la fonderie sur des kilomètres à la ronde.

La première coulée de cuivre du site est obtenue le 17 décembre 1927. Les frères MacKimoot étaient-ils au premier rang pour assister à ce nouveau spectacle des temps modernes ? Nul ne le sait. Edmund Horne, qui a donné son nom à la fonderie, était, quant à lui, retourné sur sa terre natale en Nouvelle-Écosse, où il s'était marié et se consacrait désormais à une ferme d'élevage. Toujours est-il qu'en peu de temps le gisement qu'il a découvert remplit toutes ses promesses. La Noranda devient le premier producteur de cuivre au Canada.

4 EN CATIMINI

Mai 2019

Sur la route qui le mène de chez lui à Rouyn-Noranda, un album des Doors dans les oreilles, Marc Nantel se remémore les événements de ces dernières semaines. Tout a commencé par un coup de fil anonyme. « Les dirigeants de la fonderie Horne et plusieurs sous-ministres du Québec se sont réunis en catimini, au mois d'avril, à propos d'une étude de santé publique susceptible de mettre en cause la fonderie », lui avait-on soufflé. À l'issue de cette réunion, les responsables politiques auraient promis de minimiser les résultats de l'étude et d'en limiter la communication auprès du public afin, semble-t-il, de ne pas semer la panique parmi la population. Marc Nantel avait raccroché, sidéré.

Il s'en était tout de suite ouvert à son collègue Rodrigue Turgeon. Tous deux sont membres du REVIMAT, le Regroupement de vigilance sur l'activité des mines en Abitibi-Témiscamingue, un mouvement né en 2015 pour sensibiliser la population aux conséquences sanitaires et environnementales du développement minier. Car, dans la région, l'activité de l'industrie extractiviste ne se limite pas au territoire de Rouyn-Noranda. Tout le long de la faille de Cadillac, en plein cœur de la gigantesque roche qui encercle la baie d'Hudson et que l'on appelle le bouclier canadien, les exploitations balafrent le territoire. À Évain, Malartic ou Val-d'Or, les adhérents du REVIMAT se documentent sur les projets de mines à ciel ouvert, informent les citoyens sur leurs droits et réclament au gouvernement un contrôle plus strict des impacts générés par l'exploitation des ressources naturelles souterraines. Le jour de la création du mouvement, Marc Nantel avait déclaré qu'il était « temps d'exiger que le gouvernement *mette des dents* aux différents règlements miniers et environnementaux ». Autant dire que les conclusions supposées de la réunion confidentielle entre les sous-ministres du Québec et les dirigeants de la fonderie Horne lui sont restées en travers de la gorge.

Avec Rodrigue Turgeon, il a organisé à la hâte une rencontre à laquelle ont été conviés les habitants du quartier Notre-Dame. Mireille Vincelette en fait partie. Elle y retrouve une soixantaine de personnes. Pour la plupart, des têtes connues, croisées autour de chez elle. Elle remarque qu'il n'y a pas que de jeunes parents dans la salle et apprécie qu'elle et ses proches ne soient pas les seuls à se sentir concernés. Les deux représentants du REVIMAT commencent par se présenter : Rodrigue, le jeune avocat sensible à l'écologie, et Marc, le vieux routier de la mobilisation citoyenne, enseignant à la retraite et ancien vice-président d'un syndicat de plus de 200 000 membres. À eux deux, ils rassemblent connaissances légales, savoir-faire avancé en matière d'activisme et un réseau au sein des mouvements associatifs et communautaires du Québec long comme les bois d'un caribou. Après cette brève introduction, les deux hommes dressent un état des lieux de la situation. Par expérience, avancent-ils, il ne faut rien attendre du gouvernement. Ses liens avec l'industrie minière sont bien trop ténus. Pour le pousser à réagir, il va falloir mettre la pression. « Pas question pour autant que le REVIMAT prenne le leadership hors-sol de la mobilisation citoyenne. Nous vous conseillons plutôt de monter un comité d'action local auquel nous pourrons apporter notre modeste soutien », ajoutent-ils.

Dans la salle, l'idée fait son chemin et une quinzaine d'habitants se disent prêts à former un groupe. Tous conviennent rapidement qu'un parent d'élève devrait les représenter, afin de bénéficier de la plus grande légitimité possible auprès de la population générale. Valérie Fournier, mère de deux garçons dont les taux de contamination se sont révélés particulièrement élevés, se propose spontanément, mais si, et seulement si, une autre personne accepte de former un binôme avec elle. Silence dans l'assistance. Mireille regarde le bout de ses chaussures, elle déteste plus que tout s'exprimer en public. Pourtant, au bout de quelques instants, sa main se lève timidement. Le ton ferme et déterminé de Valérie résonne encore dans la pièce et lui a donné la force suffisante pour se joindre à elle. En son for intérieur, elle se dit qu'elle devrait être capable de contrôler ses émotions face aux journalistes et que, de toute façon, l'enjeu est plus important que sa peur de ne pas y arriver. Et puis, la situation devrait se régler relativement vite, songe-t-elle en rentrant chez elle. Après tout, ne parle-t-on pas de contamination d'enfants à l'arsenic ? Non, franchement, il n'y pas de raisons que l'État ne réagisse pas rapidement. Le soir, alors qu'elle cherche le sommeil dans son lit, elle repense à cette information troublante que leur a révélée le REVIMAT, la réunion secrète entre les sous-ministres et les dirigeants de la fonderie. Est-il vraiment possible qu'en haut lieu on cherche à étouffer l'affaire ? Aussi difficile à croire que soit cette idée, Mireille peine à la chasser totalement de son esprit. De toute façon, comme l'a dit ce M. Marc Nantel, c'est à ça que va servir le comité citoyen. À mettre la pression sur le gouvernement pour dépasser les lenteurs politiciennes et administratives. Non, vraiment, tout cela devrait être réglé en quelques semaines, se rassure-t-elle avant de fermer enfin les yeux.

Sur la route du retour, Marc Nantel est passé des Doors à Vivaldi. Il a apprécié la manière dont la rencontre s'est déroulée et dont les habitants se sont emparés du problème. Intérieurement, il leur souhaite bien de l'endurance et du courage car il se doute que, pour eux, le combat va être long.

5 AU CŒUR DU RÉACTEUR

En 1976, moins de cinquante ans après sa première coulée de cuivre, la mine de Rouyn-Noranda, rongée jusqu'à la moelle, siphonnée jusqu'au dernier éclat, tire le rideau. L'activité de fonte, pour autant, ne faiblit pas. Depuis plusieurs années, les dirigeants de la compagnie Noranda ont pris des parts dans des mines alentour et s'y approvisionnent en concentrés de cuivre. Plusieurs centaines d'ouvriers continuent donc de s'activer dans la fourmilière de la fonderie Horne. C'est au tour de la troisième génération de Rouynorandiens, née dans les années 1950, de se faire embaucher, après celle des primo-arrivants et de leurs enfants nés avant la guerre. Travailler à la Noranda est entre-temps devenu une fierté familiale. Et pour les plus jeunes, la promesse d'un avenir assuré. Les salaires de la fonderie sont en effet réputés pour être en moyenne deux fois plus élevés que partout ailleurs dans la région. L'occasion donc de prendre son indépendance en louant son propre appartement. Puis d'acheter une moto, une voiture et, pourquoi pas, une barque de pêche à moteur. Peut-être même, au bout de quelques années, pourra-t-on s'offrir un de ces chalets en bois à la campagne où il fait si bon passer les week-ends.

Quand ils n'ont pas de qualification, les jeunes ouvriers commencent en toute logique au bas de l'échelle, par exemple à l'entretien des vestiaires. Il faut s'assurer qu'ils restent propres tout au long de la journée. C'est inintéressant et fastidieux, mais à condition de se montrer obéissant et d'accomplir son labeur sans broncher, une mutation au poste de «préposé au plancher» est rapidement envisageable. Il s'agit de devenir en quelque sorte l'homme à tout faire d'une équipe d'ouvriers qui travaille tout près du réacteur, dans une salle grande comme la nef d'une cathédrale. À la différence qu'ici ne figurent ni Christ ni vitraux. Casque vissé sur la tête, le travail consiste à courir sans relâche d'un collègue à un autre pour faire passer un message, ramener un outil, vérifier une information, ou que sais-je encore. La roche réduite à l'état de poudre chemine sur des tapis roulants avant d'être déversée en bout de course dans des propulseurs, soit de longs tubes que des équipiers dirigent avec précaution vers le fameux réacteur, l'âtre de l'usine porté à plus de 1 000 °C. Il est difficile de ne pas rester ébahi, voire abasourdi, devant les flammèches verdoyantes qui ondulent et s'échappent de la matière en fusion – un magma visqueux d'un jaune déchirant qui éveille les sens et attire irrésistiblement à lui, à la manière du vide depuis le haut d'un sommet.

Il n'y a cependant pas le temps de rêvasser devant cette fournaise ardente. Le « préposé au plancher » n'a pas une seconde à lui. L'immuable mécanique de la fonderie n'attend pas. Le métal liquéfié est transvasé dans de vastes cuves en forme de seaux, puis transporté par un système de treuil jusqu'au convertisseur. Le cuivre y subit un procédé chimique permettant la séparation des impuretés et l'obtention d'une teneur totale proche des 100 %. À sa sortie, on souffle du gaz naturel sur le liquide métallique pour y ôter les dernières traces d'oxygène. Le cuivre est ensuite coulé dans des moules à anode, sortes de grands carrés surmontés de deux petites cornes de taureau, où il se solidifie avant d'être refroidi dans des bains d'eau. À chacune de ces étapes, un vacarme constant règne autour des ouvriers : l'air s'engouffrant dans les tuyaux en acier qui résonnent tels les tubes d'un orgue gigantesque, le cliquetis des chaînes accrochées aux dizaines de poulies qui se balancent le long des murs, les cylindres qui s'emboîtent les uns dans les autres à grand renfort de geignements stridents, les cloches que l'on fait sonner lorsque l'on transporte du métal en fusion et les ventilateurs qui ronronnent dans l'espoir de chasser poussières et fumées, mais qui ne font finalement que les éparpiller.

Travailler à la fonderie n'est pas une partie de plaisir. Les jeunes ouvriers se le rappellent chaque fois qu'ils rentrent chez eux, la peau collante d'un mélange âcre de poussière et de transpiration, les lèvres sèches et les oreilles bourdonnantes. Mais ils tiennent. Et petit à petit, ils s'adaptent, ils s'habituent. Signe qui ne trompe pas, ils apprennent à différencier à l'oreille les moteurs des machines-outils utilisées sur le site. Avec le temps, même, certains parviennent à capter les infimes variations émises par le réacteur et, sans y prendre garde, se prennent à diagnostiquer son état de santé quotidien. « Il ne serait pas un peu grippé aujourd'hui ? » Ou alors : « Tiens, on le dirait constipé par rapport à hier. » Comme s'il était terriblement vivant, haletant, vibrant de jour comme de nuit.

Il faut néanmoins composer avec des chefs d'équipe qui sont de l'ancienne génération. Beaucoup d'entre eux ont appris à travailler au fouet – façon de parler. Devenus contremaîtres, ils appliquent la même recette. Quand quelqu'un suggère de ralentir le rythme, on lui rétorque qu'il n'est qu'un fainéant, un bon à rien qui ne mérite pas sa paie. Si un autre propose d'innover, on lui répond qu'on a toujours fait comme ça ici et que ce n'est certainement pas maintenant que ça va changer. Personne parmi les ouvriers n'a suivi de longues études, quelques-uns sont mêmes analphabètes, alors tout le monde fait comme le chef a dit. Le risque de perdre un job aussi bien payé et de se retrouver au chômage est beaucoup trop important.

Pourtant, les jeunes ont bien conscience que tout ne tourne pas toujours rond dans ce temple de l'industrie. Certains ouvriers, par exemple, portent leur masque uniquement lorsque des rais de lumière font apparaître de la poussière en suspension. Comme si les particules disparaissaient par un tour de passe-passe sitôt la pénombre revenue. Parfois aussi, on retire la sonde inopinément des cuves pour qu'elle ne déclenche pas l'alarme si jamais les taux qu'elle mesure venaient à dépasser les standards recommandés. Et puis, il y a cette fichue remorque qui n'a plus de freins depuis des jours, mais que tout le monde continue d'utiliser dans la grande allée comme si de rien n'était. Évidemment, le recours au droit de retrait – une disposition du droit du travail qui permet à un salarié de se soustraire à un ordre s'il pense que son exécution peut le mettre en danger –

serait possible en théorie, mais rares sont ceux à le faire valoir. Surtout ne pas briser la cadence. Surtout ne pas ralentir. Certes, au risque de l'accident, mais aussi pour ne pas perdre les généreuses primes de fin d'année offertes par l'entreprise lorsque les objectifs sont atteints ou dépassés. Ainsi soit-il.

À l'intérieur de l'usine, les mentalités évoluent cependant. De plus en plus d'ouvriers se syndiquent. Dans les réunions organisées par leurs représentants, on réclame de meilleures conditions de travail et des mesures pour préserver la santé de chacun. Interrogé dans un film documentaire au début des années 1980, Michel Chartrand, figure du syndicalisme au Québec, résume ainsi la situation: « T'arrives dans la mine et puis il arrive des affaires qui ont pas de bon sens, comme les décisions du boss qui te font travailler dans la poussière, les toxines et ainsi de suite. Mais tu penses que c'est ça, la vie normale. En somme, tu compares le boss avec le bon Dieu. Alors là, tu as besoin d'une organisation pour dire au boss: "Hey, hey, calme-toi mon frère, là, le monoxyde de carbone et puis les poisons qu'il y a dans le réacteur, tu vas nous débarrasser de tout ça." Et si le patron ne veut pas te parler, tu lui dis: "Moi, je vais arrêter de te faire faire des profits." » Les négociations avec la direction s'engagent.

Les employés commandent une étude sur leur santé à un laboratoire de l'université de New York. Les résultats sont sans appel. Au-delà de quinze années de travail à la fonderie, les nerfs moteurs qui acheminent les informations du cerveau aux muscles sont endommagés. Par ailleurs, près de la moitié des travailleurs non fumeurs souffrent d'une baisse du de débit respiratoire. Pour autant, les dirigeants de la fonderie n'envisagent pas dans l'immédiat de révolutionner leur outil de production.

6 AU CABARET DE LA DERNIÈRE CHANCE

Mai 2019

Le comité des parents du quartier Notre-Dame est officiellement fondé le 5 mai 2019. Il se nomme ARET, Arrêt des rejets et émissions toxiques. À peine est-il créé que ses membres décident d'organiser une conférence de presse au Cabaret de la dernière chance. Le lieu n'a pas été choisi au hasard. Depuis quarante ans, sa petite scène chaleureuse, toute de bois vêtue, accueille chaque semaine des concerts, du théâtre et de la poésie. Elle est le cœur battant de la vie culturelle du quartier Notre-Dame. Fondé par un groupe d'une dizaine d'amis artistes, le cabaret – dont le nom rend hommage à un roman autobiographique de Jack London – est également indissociable de l'essor du mouvement écologiste rouynorandien au mitan des années 1980. Situé au milieu de la

8e Rue, à seulement 500 mètres des fourneaux de la fonderie Horne, il a notamment vu jouer sur son parquet aux lattes grinçantes la première de la pièce *La Grande Cadence, Dame Nature face à l'industrialisation*. L'histoire d'un petit être vert qui se tue à la tâche pour un inventeur qui lui en demande toujours plus, pendant que la nature dégénère.

Face aux caméras, téléphones portables, micros et appareils photo, Mireille prend la parole, le visage crispé et les mains serrées sous la table. Son stress est palpable. C'est pourtant une voix étonnamment calme et limpide qui jaillit de son corps tendu. Avec des mots simples, Mireille expose les attentes du comité : « Nous voulons la réalisation d'une nouvelle étude s'intéressant à l'arsenic, mais aussi à d'autres potentiels contaminants ; nous voulons l'extension de cette étude aux adultes, bébés et adolescents ; nous voulons la mise en place immédiate de mesures concrètes pour réduire les émanations d'arsenic dans l'air. »

Au fond de la salle, à côté des journalistes venus en nombre, Marc Nantel opine du chef devant la détermination déployée par cette jeune mère novice dans ce périlleux exercice médiatique. Quelques minutes plus tard, la gorge de Mireille se noue cependant quand elle évoque l'absence de transparence des autorités publiques et le sentiment de trahison qui en découle. Outre la réunion secrète interministérielle, les parents du quartier ont découvert que l'envoi des résultats de l'étude sur l'arsenic n'avait pas été automatique pour chacun des enfants: certaines familles ont dû faire une demande officielle pour les obtenir. «Va falloir que notre confiance soit rebâtie. On ne croit plus à la bonne foi des gens, donc va falloir qu'ils nous prouvent qu'ils sont prêts à agir.» La conférence se termine une vingtaine de minutes plus tard sur une question adressée indirectement par Valérie aux autorités compétentes qui voudront bien l'entendre: «On fait quoi maintenant? On attend que nos enfants fêtent leurs 40 ans et apprennent le même jour qu'ils ont un cancer parce qu'ils ont été intoxiqués à l'arsenic pendant toute leur enfance sans que personne ait rien fait pour l'empêcher?»

En réaction au bruit médiatique suscité par les déclarations du comité ARET, la Direction de la santé publique annonce qu'une première partie des résultats de l'étude sera exposée le mardi suivant au centre des congrès. Un service de garde d'enfants sera même proposé gratuitement pour permettre à tous les parents d'assister à la rencontre prévue à 18 h 30. Le jour dit, une centaine de Rouynorandiens font le déplacement. Dans la semaine, un article publié par Radio-Canada a fait monter la température de quelques degrés. Le média y dévoilait le contenu de plusieurs e-mails envoyés par la direction de la fonderie Horne au ministère de l'Économie du Québec depuis le mois de mars. Les messages révélaient une irritation palpable des industriels vis-à-vis du comportement de certains agents de la Santé publique.

> Simplement pour t'informer que je n'ai pas eu de retour de la Santé publique, à savoir s'ils acceptent ou non de repousser leur rencontre de demain avec la ville de Rouyn-Noranda.
>
> Nous avons été déçus de constater que leur discours [de la Direction de la santé publique] n'a pas évolué malgré nos discussions des semaines passées.
>
> Le professionnel [de la Direction de la santé publique] a mentionné devant l'ensemble des acteurs être très préoccupé de l'exposition des résidents du quartier face aux métaux. Bien qu'il ne se soit pas avancé par rapport aux résultats, il en a dit juste assez pour inquiéter les gens autour de la table. Nous trouvons cette situation très malheureuse.

En s'adressant ainsi au ministère de l'Économie, la fonderie espérait sans doute un soutien, ou du moins une écoute attentive. Selon le cabinet Aviseo Conseil, la fonderie Horne générerait 500 millions de dollars de PIB et verserait 45 millions de dollars d'impôts à la province du Québec chaque année.

Le soir de la conférence, aucun représentant du ministère de l'Économie ne figure sur l'estrade. Sont présents des membres de la Direction de la santé publique, une déléguée du ministère de l'Environnement et Pierre-Philippe Dupont, directeur du développement durable de la fonderie. À l'aide de diapositives, Daniel Proulx, le coordinateur de l'étude, présente ce que bon nombre dans la salle savent déjà : les taux anormalement élevés de contamination à l'arsenic. À la fin de sa prise de parole, une jeune fille d'une dizaine d'années s'avance et pose la question la plus simple qui soit : « Je voulais juste savoir : avez-vous des solutions pour plus tard afin de gérer ça ? » Daniel Proulx ne tergiverse pas : « Dans un cas comme ça, c'est vraiment la réduction des émissions à la source qui va permettre de régler le problème. » Poussé dans ses retranchements, Pierre-Philippe Dupont s'emploie à démontrer les efforts déjà réalisés par la fonderie depuis plusieurs années pour limiter les émanations d'arsenic. Il promet que ses équipes planchent pour améliorer la situation, mais qu'il ne faudrait pas non plus remettre en cause la viabilité de l'usine. La Dre Omobola

Sobanjo conclut en rappelant les « gestes simples pour réduire l'exposition des enfants aux contaminants environnementaux ».

Extrait de la liste des gestes simples :

- Lavez les surfaces de travail de la cuisine à l'aide d'un linge humide. Faites-le spécialement avant la préparation des repas ou des collations. Rincez le linge humide plusieurs fois par utilisation.
- Lavez régulièrement les planchers de la maison. Rincez fréquemment votre linge humide lors de son utilisation. Pour les surfaces couvertes de tapis, passez régulièrement l'aspirateur. Un aspirateur muni d'un système de filtre HEPA est recommandé pour enlever un maximum de poussière métallique.
- Mangez régulièrement et de façon équilibrée. L'absorption des contaminants, notamment le plomb et le cadmium, est supérieure lorsqu'un enfant a le ventre vide.
- Autant que possible, empêchez vos enfants de manger de la terre ou du sable.
- Lavez régulièrement les jouets des enfants.
- Si votre enfant a une tétine, assurez-vous qu'elle ne traîne pas au sol et n'amasse pas de poussière.

- Si vous avez un carré de sable, assurez-vous que le sable provient d'un fournisseur réputé. Couvrez le carré de sable lorsqu'il n'est pas utilisé.
- Laissez vos vêtements de travail à l'extérieur, particulièrement si vous travaillez dans le secteur minier.
- Si vous avez un chien, lavez-le fréquemment.

Amère, une habitante du quartier demande si la fonderie prévoit de payer des hommes et des femmes de ménage à chaque famille. La conférence se termine dans le plus grand scepticisme. Aucune mesure concrète n'a été annoncée pour réduire les émissions d'arsenic par la fonderie. C'était pourtant la raison avancée par les autorités pour avoir informé en avant-première les industriels des résultats de l'étude. « Nous voulions qu'ils puissent présenter des actions impactantes aux citoyens pour la suite des choses ». Pour cette fois, c'est raté.

7 PLUIES ACIDES

Guy Leclerc s'installe à Rouyn-Noranda au début des années 1980. Il a une vingtaine d'années et connaît déjà bien la « ville à la fonderie » pour y avoir passé des vacances en famille. Enfant, lorsqu'il devinait la cheminée haute de 163 mètres – deuxième plus grande du monde à l'époque – en arrivant par la route 117, l'excitation se mêlait à la jalousie envers ses cousins qui, eux, avaient la chance de côtoyer quotidiennement l'immense édifice. Après des études d'architecture à Québec et un premier poste à Val-d'Or, sa ville natale, Guy s'installe finalement à Rouyn-Noranda, où il accepte un emploi public. Pas tout à fait comme architecte, mais ce n'est pas grave, cela fera l'affaire.

Un matin, alors qu'il se rend au bureau, un brouillard épais saisit la ville. On ne voit pas à 10 mètres. L'air qui rentre dans ses poumons lui laisse un drôle de goût dans la gorge. Tout autour de lui, les passants n'ont pas l'air paniqués. Bien au contraire, ils continuent leur chemin comme si de rien n'était. Seul un chien qu'il croise à l'angle d'une rue semble adopter une attitude adaptée en enfouissant sa truffe dans un carré de pelouse. Guy se presse d'arriver et apostrophe le premier collègue venu.

« Dis, toi aussi tu as une sensation bizarre dans la gorge ?

– Oh ça ? Ne t'en fais pas, c'est l'anhydride sulfureux que dégage la fonderie. C'est irritant, mais rien de grave.

– Quand même, j'ai l'impression de m'être avalé une bouteille entière de soufre.

– Ne t'inquiète pas, tu vas vite t'habituer. »

Pour la première fois de sa vie, Guy a « goûté la mine », comme il est coutume de dire à Rouyn-Noranda. S'habituer, il y est quasiment forcé puisque des épisodes de pluie acides, dont le principal responsable est l'anhydride sulfureux, ont lieu au moins une fois par semaine. Après chaque « nuage », la fonderie arrête sa production et attend que les conditions climatiques soient plus propices pour reprendre, c'est-à-dire que le vent souffle à nouveau suffisamment fort pour propager le panache de fumée au-delà des limites de la ville.

« Ah, au fait, si tu constates que la peinture de ta voiture est abîmée juste après un brouillard, n'hésite pas à appeler la fonderie, ils te la referont à neuf. »

Des masses d'air qui se baladent en ville et détruisent la peinture des voitures, mais pas les bronches des humains qui les conduisent ? Ce constat laisse Guy songeur.

Quelques semaines plus tard, il voit passer dans le journal local une invitation à participer à l'assemblée générale d'une association écologiste, le Comité permanent pour l'environnement à Rouyn-Noranda. Il décide de s'y rendre pour obtenir un peu plus d'informations sur les dégagements gazeux de la fonderie. Dans la salle, une trentaine de personnes qui travaillent principalement dans le domaine de la santé, de l'éducation ou du social. Avec son 1,90 mètre, ses yeux rieurs et sa dégaine digne d'un Clint Eastwood qui préférerait résolument les jeux de mots au .22 Long Rifle, Guy est instantanément remarqué par les dirigeants du Comité. Ils lui proposent de s'engager dans leur lutte contre les pluies acides. Il se met alors à participer à toutes les actions du Comité – documentation, communiqués de presse, porte-à-porte, manifestations « Pour avoir bonne mine » – et finit par en prendre la présidence au bout de trois années.

Face aux demandes du Comité, la fonderie ne montre dans un premier temps aucun signe de coopération. Les médias s'emparent très vite de l'affaire. Guy est invité par la télévision québécoise à venir débattre à une heure de grande écoute avec le président du Consortium des mines et métaux du Québec. Celui-ci soutient mordicus qu'il est techniquement impossible de contenir les fumées d'anhydride sulfureux. Pourtant, en 1989, comme par magie, un système de transformation de l'anhydride sulfureux en acide sulfurique commercialisable fait son apparition dans l'enceinte de l'usine. Une magie bien aidée par la généreuse donation du gouvernement canadien, mis au pied du mur par les États-Unis en guerre contre les pluies acides de leur voisin du Nord. Malgré cette amère pilule, Guy et ses amis du Comité peuvent enfin crier victoire après plusieurs années de mobilisation citoyenne. La collectivité a payé à la place de la fonderie – et la fonderie tirera bénéfice de cette nouvelle installation –, mais ils ne « goûteront » désormais plus la mine que de manière exceptionnelle. Une décontamination des terrains résidentiels du quartier Notre-Dame a même été obtenue. Une couche superficielle de 10 centimètres de terre sera remplacée par du terreau de qualité. Guy est loin de s'imaginer qu'en quelque sorte tout recommencera près de quarante ans plus tard.

Entre-temps, la fonderie Horne poursuit sa marche en avant. Pour se fournir en cuivre, elle achète dorénavant des déchets électroniques venus du monde entier. Circuits intégrés de radios-réveils en panne, d'ordinateurs devenus désuets du fait de l'obsolescence programmée, de télécommandes fatiguées... Par dizaines de milliers de tonnes, ces rebuts, qu'il convient désormais d'appeler « ressources », arrivent chaque année dans les ports canadiens et sont convoyés en train ou en camion jusqu'en Abitibi-Témiscamingue. Incrustés au cœur de ces débris, qui seront bientôt triés puis déchiquetés, patientent tranquillement quantité de métaux lourds que l'on peut s'amuser à cocher sur le tableau périodique des éléments chimiques. Cadmium ? Numéro atomique 48. Mercure ? Numéro atomique 80. Arsenic ? Numéro atomique 33. Chacun aura tout loisir de s'échapper dans l'air lorsque les débris seront fondus, mais pour l'instant, on ne se pose pas la question, on préfère imaginer que les travaux récents contre les pluies acides ont tout réglé.

Quoi qu'il en soit, il semble que quiconque oserait se mesurer une nouvelle fois à la fonderie se heurterait à sa formidable capacité de résilience. Dans les années qui suivent l'affaire de l'anhydride sulfureux, la Horne résiste à toutes les crises. Que ce soit la béryllïose chronique, maladie pulmonaire incurable diagnostiquée chez plusieurs de ses travailleurs en 1999, ou la grève de onze mois déclenchée par les syndicats pour protéger les emplois contre le recours à la sous-traitance en 2002, tout coule sur la fonderie et rien ne parvient à en ébranler les fondations. L'attachement des Rouynorandiens à la Horne est bien trop fort pour qu'ils lui tournent définitivement le dos. Il faut dire qu'ici il est quasiment impossible de dissocier la ville de la compagnie qui en a signé l'acte de naissance. « Une ville, une mine » a longtemps été le slogan de l'entreprise. Ici, tout est cuivre. On va voir un spectacle au théâtre du Cuivre, on fait ses courses sur les promenades du Cuivre, on se rend chez le médecin à la clinique médicale du Cuivre et on prend un permis de chasse chez Moto Sport du Cuivre, comme l'a écrit une élue locale. Et on fait de la musique au conservatoire En sol mineur, aurait-elle pu ajouter. Le symbole des anodes de cuivre produites par la fonderie s'aperçoit un peu partout en ville – sur les plaques de certaines artères, à côté de l'ancien magasin général Dumulon, à l'entrée du centre de la petite enfance L'Anode magique sur la 6e Rue. Et pour les distraits qui n'auraient pas encore compris à quel point la cité et l'usine sont en symbiose, d'imposants panneaux proposent deux circuits urbains historiques qui indiquent les étapes clés du développement de la ville et donc de la fonderie. Ou peut-être est-ce l'inverse. De toute façon, cela revient au même.

8 LES CHIENS DE GARDE

Été 2019

La réunion publique organisée par la Direction de la santé publique a été une énorme déception pour les membres du comité ARET. À la presse ils déclarent qu'ils ne veulent pas attendre sagement que l'État se saisisse du problème. « Il va falloir que ça bouge maintenant. Puis nous, on va être les chiens de garde, puisque le ministère de l'Environnement n'a pas l'air de faire ce rôle-là. » Or, jouer les chiens de garde suppose inévitablement de passer des centaines, voire des milliers, d'heures à se documenter pour comprendre comment on a pu en arriver là. Deux membres d'ARET vont alors s'investir avec assiduité dans ce fastidieux travail de recherche : Pierre Vincelette, que sa fille Mireille n'a eu aucune difficulté à convaincre de se consacrer à la bonne santé de ses petits-enfants; et Nicole Desgagnés. C'est la compagne de Guy Leclerc, le militant impliqué dans la lutte contre les pluies acides dans les années 1980. Il y a quelques semaines, son paisible quotidien a été bouleversé par l'annonce des intoxications à l'arsenic. Elle a immédiatement pensé à ses deux petites-filles qu'elle chérit plus que tout et qui vivent à proximité du quartier Notre-Dame. Son adhésion au comité présente un double avantage pour ARET : d'une part, elle est à la retraite et a donc du temps à disposition, et de l'autre, elle a mené toute sa carrière professionnelle dans le secteur de la santé. D'abord en tant qu'infirmière, puis comme directrice d'un département des services sociaux.

Leurs recherches s'orientent rapidement sur le régime spécial qui a longtemps permis à la fonderie Horne de rejeter des produits toxiques dans l'air ambiant sans restriction. Stupéfaits, ils découvrent que la question s'est posée dès les années 1970, dans les prémices de la prise de conscience mondiale sur les pollutions générées par l'activité humaine. Ainsi, en 1977, le gouvernement québécois charge le Bureau d'études des substances toxiques de mener une étude sur le « comportement de la mortalité » dans la région de Rouyn-Noranda. Dans ses conclusions, le Bureau fait le constat d'une surmortalité dans la capitale de l'Abitibi-Témiscamingue, causée par des cas anormalement élevés de maladies cardio-vasculaires, de cancers de l'estomac et du poumon, de maladies respiratoires chroniques et de maladies endocriniennes et métaboliques. Si les chercheurs n'établissent aucun lien direct entre les polluants atmosphériques dégagés par la fonderie et ces décès prématurés, ils constatent que leurs résultats sont similaires à ceux d'autres études réalisées auprès de populations vivant à proximité d'affineries de cuivre.

Quinze ans plus tard, en 1993, l'Assemblée nationale, au détour d'une loi sur la protection de l'environnement, recommande d'analyser plus en détail l'augmentation des cas de cancers du poumon chez les résidents du quartier Notre-Dame. Le texte reste cependant lettre morte. La même année, le ministère de l'Environnement met en place un programme pour accompagner les industriels du pays à maîtriser leurs rejets atmosphériques. Pourtant, de 1994 à 2000, à l'exception de 1998, les stations de mesure 08000 et 08006 situées à l'entrée de la fonderie Horne, juste en bordure du quartier Notre-Dame, relèvent une concentration moyenne annuelle d'arsenic qui ne cesse d'augmenter, passant d'environ 300 nanogrammes par mètre cube (ng/m^3) à près de 1 000, quand la moyenne se situe entre 1 et 2 ng/m^3

dans des villes comme Québec ou Montréal. Ces chiffres, bien entendu, ne sont pas criés sur les toits. Il est des records dont on préfère ne pas se vanter.

À l'été 2001, une association écologiste canadienne s'émeut auprès du ministère de l'Environnement des risques liés à l'émission d'arsenic par une autre fonderie appartenant à la Noranda, basée à Murdochville, dans l'est du Québec. En réponse, un groupe de travail interministériel est chargé de produire un avis sur la présence d'arsenic dans la ville ainsi que, tant qu'à faire, à Rouyn-Noranda. Après la fermeture de la fonderie de Murdochville pour motifs économiques en 2002, les membres du groupe de travail se concentrent rapidement sur la fonderie Horne. Ils découvrent la hausse vertigineuse des émissions d'arsenic de la précédente décennie et comprennent que deux facteurs en sont à l'origine. En premier lieu, la consommation accrue par la fonderie des produits recyclés appelés « ressources » pour produire ses anodes de cuivre. Ces matériaux peuvent être jusqu'à vingt fois plus chargés en arsenic que les minerais purs. Une opération totalement légale au Canada, mais interdite par exemple en Chine où les concentrés de cuivre importés pour être fondus ne doivent pas être composés de plus de 0,5 % d'arsenic. Seconde explication : la vétusté des installations de la fonderie, à savoir l'étanchéité du réacteur, du convertisseur et des fours qui n'est pas parfaite et laisse s'échapper métaux lourds et particules. Le groupe de travail finalise son rapport fin 2004. Dans ses conclusions, il recommande au ministère de l'Environnement d'exiger de la fonderie un taux d'émission d'arsenic dans l'air de 10 ng/m^3 maximum d'ici à dix-huit mois, ainsi que l'élaboration d'un plan pour atteindre à plus long terme l'objectif de 3 ng/m^3, la norme préconisée par les experts sanitaires.

Pourtant, trois ans plus tard, en 2007, le ministère délivre une « attestation quinquennale d'assainissement » à la fonderie en fixant la barre à 200 ng/m^3. Ce document est une dérogation qui permet littéralement à la Horne de polluer en toute légalité. En cas de dépassement de ce seuil, l'accord prévoit seulement une amende de quelques milliers de dollars. En 2012, l'attestation de la fonderie est tacitement reconduite. Ce n'est qu'en 2017 que le ministère semble enfin réagir, soit plus de dix ans après le premier rapport sur les émissions d'arsenic. Cette fois-ci, l'objectif assigné est de passer sous la barre des 100 ng/m^3 en 2021. Une baisse réelle, mais encore très éloignée de la norme nationale de 3 ng/m^3. Et pendant ce temps, les années s'égrènent inéluctablement. Au total, un enfant né au début des années 2000 et élevé dans le quartier Notre-Dame aura été exposé en moyenne à 60 fois le taux d'arsenic communément admis dans les autres villes du pays. Pierre et Nicole sont effarés par ces découvertes. Comment l'État a-t-il pu tolérer d'aussi forts niveaux de pollution en toute connaissance de cause ? Ils se sentent cruellement déconsidérés.

À mesure que les informations collectées par le comité ARET se propagent sur les réseaux sociaux au cours de l'été 2019, une colère sourde gronde parmi les habitants de Rouyn-Noranda. Tard dans la nuit ou peut-être à l'aube, juste avant que la ville ne se réveille, des silhouettes arpentent discrètement les rues. Dans la pénombre encore tiède de l'été indien, on les imagine en petits groupes, vêtues de sweats à capuche et communiquant par signes de la main et sifflements perçants. Pendant que l'une fait le guet, les autres positionnent leurs pochoirs et les aspergent à coups de peinture aérosol. Elles tapissent les murs, les poubelles et le mobilier urbain de messages explicites : « Ville arsenic », « Menace en l'air », « *Know your enemy* ». Pour calmer le jeu, le ministre de l'Environnement en personne, Benoît Charette, se déplace à Rouyn-Noranda. Mais sa venue n'arrange rien. Costume parfaitement cintré, barbe à blanc, coiffure rase sur les côtés agrémentée d'une lampée de gel fixatif sur le haut du crâne, il écoule des éléments de langage préparés par son équipe pour défendre le travail du Ministère. S'il est ému par les risques de cancer encourus par les habitants de la ville, sa voix monocorde ne le laisse pas transparaître. Le directeur national de la Santé publique, Horacio Arruda, tente une autre approche. Lors d'une réunion avec un cercle restreint d'habitants parmi lesquels se trouvent Mireille Vincelette, Valérie Fournier et Nicole Desgagnés, il commente le choix vestimentaire de ces dernières, s'extasie devant leur teint si frais malgré la proximité de la fonderie, félicite l'impressionnante charge de travail qu'elles ont abattue, s'amuse des effets positifs, oui, mais quand-même éreintants, de la scolarisation des femmes sur l'évolution de la vie politique. Une attitude qualifiée au Québec de « mon oncle », en référence à ce vieux tonton que l'on entend proférer des propos gênants et déplacés aux fêtes de famille.

9 MARC RICH I

Chez Philipp Brothers, une entreprise fondée par une famille juive orthodoxe à Hambourg, implantée à New York depuis 1915 et leader sur le marché des matières premières, chaque nouvel entrant commence au courrier. Le jeune Marc Rich a beau avoir été recommandé par un ami de son père et se prévaloir d'une excellente scolarité, il ne fait pas exception à la règle. Il est chargé de réceptionner et d'envoyer les messages de la compagnie sur les rubans perforés des machines du réseau télex. Puis il est affecté au trafic. Il assiste au déchargement des commandes, inspecte les arrivages, vérifie les quantités et enregistre les factures. Chez Phibro, le métier de trader s'apprend sur le tas, patiemment. Mais pour Marc Rich, tout va plus vite. Ses capacités cognitives et son abnégation sont remarquées. Il a à peine une vingtaine d'années lorsqu'il est nommé *junior trader*.

Et il lui faudra très peu d'années pour réaliser son premier gros coup sur le marché. Avant tout le monde, il comprend que la demande mondiale en mercure va flamber, et il prend donc l'initiative de sécuriser plusieurs sources d'approvisionnement. Bingo. Au même moment, le président Dwight Eisenhower lance un important programme de réarmement. Talkies-walkies, détecteurs de métaux, équipements électriques, les besoins en mercure des GI explosent en peu de temps.

Sa réputation faite, sa carrière lancée et son appétit grandissant, Marc Rich poursuit ses activités au sein de Phibro en Bolivie. Malgré une situation politique instable, il s'en tire haut la main. À 24 ans, il est envoyé à Cuba afin de négocier avec le gouvernement castriste l'achat de cuivre et de pyrite. Suivent l'Inde et les Pays-Bas. En 1964, Marc Rich est nommé à la tête de la filière espagnole de Phibro. Il s'entoure d'une équipe de jeunes hommes aussi déterminés que lui. Marc Rich travaille du lundi au dimanche. Les journées commencent à 7 heures et finissent à 22 heures. Les malheureux qui arrivent après 8 h 30 du matin se voient gratifier d'un « Bon après-midi » par leur patron. Dans sa biographie de Marc Rich, le journaliste Daniel Ammann rapporte le témoignage de sa secrétaire de l'époque : « Sa principale force était de ne jamais abandonner avant d'avoir atteint son but.

Il pouvait travailler sur un dossier nuit et jour jusqu'à le faire aboutir. Il ne pensait jamais à autre chose qu'au travail. Vous ne pouvez pas réaliser ce qu'il a réalisé si vous ne travaillez que huit heures par jour et prenez vos week-ends ». De A comme aluminium à Z comme zinc, l'étoile montante de Philipp Brothers est à l'affût de toute opportunité. Sa faim semble insatiable. D'après Daniel Ammann, Marc Rich n'a eu de cesse tout au long de sa vie de vouloir faire la fierté son père – son père, David Reich, l'homme qui a fui l'Europe avec sa famille en 1940 ; l'homme qui a ensuite connu une véritable *succes story*, de sa petite bijouterie de Kansas City à un poste de direction au sein d'une importante société d'import-export à Manhattan ; l'homme enfin qui a américanisé son nom de Reich en Rich et le prénom de son fils de Marcell en Marc. Ce même Marc qui, devenu adulte, peut s'enorgueillir de décider du chargement de cargos comme le *Serpa Pinto*, à bord duquel les Reich ont traversé l'Atlantique pendant la guerre.

La boulimie de Marc Rich va trouver à s'assouvir dans un marché jusque-là quasiment inconnu de Phibro. En 1973, le premier choc pétrolier rebat les cartes du secteur et Marc Rich entend bien tirer profit de cette nouvelle donne. Pour cela, il va s'appuyer sur un autre homme fort de Phibro – Pincus, *alias* Pinky, Green. Lui aussi a fait ses gammes dans la salle du courrier de la société avant de monter les échelons progressivement. Son talent particulier : la logistique. Autant Rich est reconnu pour sa capacité à flairer les opportunités d'un marché et à négocier les contrats, autant Green excelle dans tout ce qui concerne le transport des marchandises (tarifs des armateurs, optimisation des trajets, suivi des cargaisons...). Ensemble, les deux hommes forment un binôme redoutable. En cette période de recomposition du marché pétrolier, leur alliance va faire des étincelles.

Pinky Green bénéficie d'un atout majeur dans sa manche. Au cours des précédentes années, il a développé d'excellentes relations avec Ali Rezai, surnommé le « Monsieur Acier » iranien et ami intime du chah. Cette connexion donne au duo Rich-Green un accès privilégié à la National Iranian Oil Company. Ils apprennent de la sorte l'existence d'un pipeline secret reliant la mer Rouge à la Méditerranée, du port d'Eilat à celui d'Ashkelon. Construit par l'Iran et Israël en 1969, il permet d'une part à l'État hébreux de se fournir en pétrole – que les pays arabes lui refusent – , et d'autre part au régime du chah de se passer des « services » des entreprises pétrolières occidentales pour écouler une partie de ses stocks sans commissions et en toute discrétion. C'est précisément sur ce dernier levier que Rich et Green vont appuyer. Depuis son bureau de Madrid, le premier sait ô combien l'Espagne, en plein développement économique, a soif d'or noir. Or le raccourci levantin, qui évite le long contournement du continent africain, permet une réduction d'environ 25 % du prix d'achat. À ces conditions, qu'importe si le régime franquiste ne reconnaît pas officiellement l'État juif par pur antisémitisme, il achètera volontiers, via Marc Rich, les hectolitres de ce précieux liquide opaque et visqueux s'écoulant tranquillement sur le sol israélien.

Grâce au réseau qu'ils mettent en place, Rich et Green conviennent d'un contrat à long terme avec l'Iran pour 7,5 millions de barils à 5 dollars l'unité au printemps 1973. C'est 2 dollars de plus que le cours du marché, mais Rich parie sur une hausse à venir, et cet accord lui permet de sécuriser un approvisionnement fiable sur une longue période. La prise de risque effraie cependant Ludwig Jesselson, le président de Phibro. Il s'empresse de casser ce contrat qu'il juge irresponsable. L'avenir lui donnera tort. Quelques mois plus tard, le prix du baril de pétrole dépasse les 11 dollars... Malgré ce raté, l'ensemble des investissements réalisés par Marc Rich dans le pétrole aurait rapporté entre 4 et 5 millions de dollars à Philipp Brothers cette année-là.

Tout travail mérite salaire et Marc Rich estime que sa paie annuelle de 70 000 dollars ainsi que son bonus de 30 000 dollars ne sont pas à la hauteur du labeur accompli. Il s'en ouvre à Jesselson. Leur rencontre se déroule en Suisse, sur les cimes d'une station de ski alpin. Rich demande un bonus de 500 000 dollars, le président de Phibro lui en offre 150 000 et la promesse de lui confier les rênes de l'entreprise le moment venu. Le trader espère alors trouver un terrain d'entente quelque part entre les deux propositions, mais Ludwig Jesselson se refuse à briser le plafond de verre du barème des rémunérations à Phibro. Le temps est venu pour Marc Rich de voler de ses propres ailes. Le 3 avril 1974, il quitte la maison mère pour créer Marc Rich & Co AG avec quatre associés, dont Pinky Green, et une seule ambition, comme il aime à le dire : faire de l'argent. Les cinq hommes obtiennent des lettres de crédit de plusieurs banques, dont la française Paribas, pour préfinancer leurs activités. Ils achètent en Équateur, en Iran, au Nigeria et vendent au reste du monde. Dès sa première année, l'entreprise réalise un chiffre d'affaires de 1 milliard de dollars et un bénéfice de 28 millions de dollars. En 1975, les profits dégagés atteignent 50 millions, puis 200 millions l'année suivante. L'ascension de Marc Rich est sans limites. Il est littéralement devenu le roi du pétrole.

Dans un système géopolitique dont l'équilibre est remis en question par les décolonisations et l'émergence du mouvement des non-alignés, Marc Rich & Co AG tire son épingle du jeu. Plus rapide, plus souple, plus audacieuse que les mastodontes du secteur, la jeune entreprise s'adapte mieux à la reconfiguration du marché des matières premières. Elle invente des combinaisons gagnantes et parvient tout autant à travailler avec Cuba qu'avec l'armée américaine. Même la révolution islamique qui survient en Iran en 1979 ne déstabilise pas les affaires de la compagnie. Marc Rich et Pincus Green, tous deux juifs et américains, réussissent à conserver leur contrat auprès de la nouvelle administration iranienne, pourtant viscéralement anti-américaine et anti-israélienne. Des millions de barils voyagent chaque année à travers le monde sur les cargos affrétés par Marc Rich & Co AG et, par une mécanique implacable, des millions de dollars s'accumulent sur les comptes bancaires de l'entreprise. Pour son patron et fondateur, tout va pour le mieux dans le meilleur des mondes.

10 LE PLAN D'ACTION

Septembre 2019-janvier 2021

Le vendredi 27 septembre 2019, la Direction de la santé publique dévoile enfin l'intégralité de l'étude sur l'arsenic. Le signataire du rapport est formel : « La situation n'est pas rassurante. Les concentrations d'arsenic sont trop élevées dans le quartier Notre-Dame, que ce soit dans l'air ou dans les sols. Il faut une réduction, immédiate même. »

Pourtant, le Premier ministre du Québec ne semble pas du même avis. Interpellé par des députés, il prend ses distances avec la Santé publique et déclare qu'à sa connaissance les risques pour la santé des enfants à Rouyn-Noranda sont minimes. « Tout Premier ministre qu'il est, François Legault a fait des études de commerce et de comptabilité. De quel droit se permet-il de déjuger des spécialistes de la médecine ? » fulminent les membres du comité ARET. Ces derniers n'ont pas d'autre solution que de poursuivre inlassablement leur travail de fourmi en analysant toutes les nouvelles informations qu'ils arrivent à glaner. Peut-être qu'avec ce corpus de preuves scientifique ils réussiront à convaincre le gouvernement de passer à l'action. Dans cette optique, ils obtiennent le soutien de la quasi-totalité des médecins de la ville. Soixante-dix d'entre eux signent la pétition du comité exigeant la réduction des émissions d'arsenic. Clara Popa, cheffe du service pédiatrique de l'hôpital de Rouyn-Noranda, en profite pour rappeler que les cancers ne sont pas les seuls risques encourus par les enfants. L'absorption à hautes doses de métaux lourds peut aussi engendrer des retards du développement cérébral et donc des troubles de l'apprentissage, de l'attention et du comportement.

Prochaine étape : décortiquer le plan d'action que le ministre de l'Environnement a fini par demander à la fonderie pour réduire ses émissions d'arsenic dans les années à venir. Celui-ci arrive un peu avant Noël, mais les membres du comité ARET n'y trouvent pas le cadeau qu'ils espéraient. Dans le document figure certes la promesse d'investissements pour rénover les infrastructures et minimiser ainsi les émanations toxiques, mais nul engagement à atteindre un jour la norme nationale de 3 ng/m^3 d'arsenic dans l'air n'y est pris.

Après tout, la fonderie n'a reçu du gouvernement aucune directive précise en ce sens. « Pourquoi se montrerait-elle dès lors plus catholique que le pape ? » entend-on en ville. En janvier, les résultats des stations de mesure tombent pour l'année 2019. Le taux d'arsenic est encore au-dessus de 100 ng/ m^3 et a même augmenté par rapport à 2018.

Au mois de mai 2020, un an jour pour jour après la création du comité ARET, la Direction de la santé publique publie les résultats d'une étude réalisée à l'automne 2019 sur la population adulte du quartier Notre-Dame. Sans surprise, ceux-ci sont, comme leurs enfants, surexposés à l'arsenic. Le taux constaté chez Mireille et son compagnon est, par exemple, équivalent à celui de leur fille Camille. Un nouvel été passe à respirer un air vicié à Rouyn-Noranda avant que la Direction de la santé publique ne divulgue cette fois son rapport sur la contamination des sols. Sur les 156 terrains analysés, 36 dépassent les critères applicables pour le cadmium, le plomb ou l'arsenic. Une nouvelle batterie de « gestes simples » est recommandée aux habitants de la ville.

Extrait de la liste des gestes simples :

- Limitez autant que possible l'usage récréatif des parties non remaniées et anciennes du terrain, surtout pour les enfants.

- Surveillez vos enfants lorsqu'ils jouent dehors afin qu'ils ne mangent pas de terre ou de sable.
- Ajoutez annuellement de la nouvelle terre à votre jardin et mélangez bien votre sol.
- Lavez-vous les mains si vous avez été en contact avec des sols contaminés.
- Réduisez la poussière dans le domicile et sur les surfaces et objets à l'extérieur.
- Essuyez vos pieds avant d'entrer dans votre domicile.
- Nettoyez régulièrement votre tapis d'entrée.
- Laissez les bottes et les souliers sales à l'extérieur. Ne vous déplacez pas à l'intérieur avec vos bottes ou vos souliers.
- Si votre terrain ou ceux de vos voisins ont tendance à être poussiéreux, lors de journées très venteuses, fermez les fenêtres.
- Lavez vos fenêtres régulièrement à l'aide d'un linge humide.
- Nettoyez régulièrement vos animaux de compagnie s'ils vont à l'extérieur.
- Réduisez autant que possible les allées et venues des animaux entre l'intérieur et l'extérieur de votre domicile.

En janvier 2021, COVID oblige, la population québécoise est appelée à se confiner. Alors que le gouvernement refuse une demande d'exemption pour les sans-abri réclamée par la mairie de Montréal, le Premier ministre lance le défi *#TousEnsemblePourAllerMieux*. Les genoux fléchis sur un snowboard dans ce qui semble être son jardin enneigé, il exhorte ses concitoyens à partager sur les réseaux sociaux une photo de l'activité qui leur permet de garder le moral en ces temps difficiles. Dès le lendemain, le ministre de la Santé se filme en train de danser la salsa avec sa conjointe dans leur salon, le ministre de l'Agriculture poste une vidéo dans laquelle il joue un morceau de blues entraînant sur son piano à queue, tandis que le ministre de l'Éducation y va d'un selfie, sourire aux lèvres et guitare sèche à la main, assis sur son divan. Cloîtrés chez eux, les habitants de Rouyn-Noranda peuvent contempler la fonderie continuer à cracher ses fumées, car celle-ci a été reconnue comme une activité manufacturière prioritaire. Deux mois plus tard, le gouvernement entérine officiellement le plan d'action présenté par la fonderie Horne plus d'un an auparavant. Sans qu'aucune demande du comité ARET ait été prise en compte, comme si elles n'avaient en fait jamais existé.

11 MARC RICH II

« Nous allons certainement devoir quitter les États-Unis.

– Pourquoi ?

– Il se peut que je rencontre quelques difficultés.

– C'est-à-dire ?

– Notre avocat t'expliquera tout ça. »

Ce court dialogue entre Denise Eisenberg, ex-Rich, et son futur ex-mari a été rapporté par elle-même à Daniel Ammann, le biographe de Marc Rich. La scène se déroule au printemps 1983 sur la plage du Lido à Long Island dans l'État de New York, où le couple possède une résidence secondaire. Les explications de l'avocat n'éclairent pas plus Denise. Elle appelle alors son père, qui lui conseille de suivre son mari en Suisse, sans discuter.

Pour comprendre cette décision précipitée, il faut effectuer un petit voyage spatio-temporel et se rendre au Texas un an et demi auparavant. Direction le centre pénitencier de Big Spring, à mi-chemin entre Dallas et la frontière mexicaine. David Ratliff et John Troland, gérants de la société West Texas Marketing, viennent d'y être emprisonnés pour diverses malversations. Ils doivent rester quatorze mois derrière les barreaux, mais savent que leur peine peut être réduite s'ils coopèrent avec la justice sur d'autres affaires. Alors ils parlent. Et leurs révélations ont le goût du soufre. Ratliff et Troland expliquent qu'ils ont aidé un certain Marc Rich à blanchir 70 millions de dollars sans que celui-ci paie la moindre taxe à l'État américain. La suite, c'est le journaliste Evan Thomas qui la raconte dans son livre, *The Man to See*, sur Edward Bennett Williams, l'avocat vedette de Frank Sinatra, Joseph McCarthy, Frank Costello ou encore Hugh Hefner. Il est l'homme choisi par Marc Rich pour le défendre. Au mois de mai 1983, juste avant le départ des Rich pour la Suisse, Edward Bennett Williams débarque dans le bureau de Sandy Weinberg, le jeune magistrat en charge des accusations à la cour de New York. Il se jette dans un fauteuil en cuir, pose ses pieds sur la table et fanfaronne.

« Combien faut-il au gouvernement pour régler cette affaire ? Vous n'avez pas à vous inquiéter, mes clients ne se dérobent jamais.

— Nous ne sommes pas intéressés par un accord, lui répond Weinberg droit dans les yeux.

— Bon. Qu'avez-vous donc en tête ?

— P-R-I-S-O-N. »

L'affaire est lancée. La justice américaine réclame à Marc Rich & Co AG des millions de documents. Un bras de fer s'engage avec les juristes de l'entreprise. Ceux-ci estiment ne pas avoir à se soumettre à cette demande, étant donné que leur société est basée en Suisse et donc protégée par le secret bancaire. En retour, la justice décrète une astreinte journalière de 50 000 dollars tant que les documents ne lui seront pas remis. Les ennuis judiciaires du trader commencent à s'ébruiter dans le monde des affaires. Le 5 août, Marc Rich décide de s'acquitter de plus de 1 million de dollars d'amende et annonce qu'il livrera à la justice les documents demandés. Quatre jours plus tard, le magistrat Sandy Weinberg est alerté par une source interne qu'un Boeing 747 de la Swissair s'apprête à quitter le territoire américain avec à son bord deux malles remplies de papiers appartenant aux sociétés de Marc Rich. Officiellement, il s'agit pour l'homme d'affaires de vérifier que les documents en question ne contiennent pas d'informations confidentielles avant de les transmettre à la justice. Les deux malles sont réquisitionnées. Mais la véritable bombe, c'est le procureur fédéral du district sud de l'État de New York, un certain Rudolph Giuliani, qui la lance. Le 19 septembre, il accuse publiquement Marc Rich d'avoir brisé l'embargo contre l'Iran alors que 53 citoyens américains étaient retenus en otages à Téhéran. Dès lors, le *golden boy* n'est plus simplement recherché en tant qu'évadé fiscal, mais aussi en tant que traître à la nation. Il risque jusqu'à trois cent vingt-cinq années de prison.

Devant le refus de Marc Rich de se livrer à la justice, ses biens sur le sol américain sont saisis. Tout y passe : son appartement à Manhattan, sa résidence secondaire à Long Island, ses parts dans différents fonds spéculatifs, ainsi que ses actions de 20th Century Fox, la compagnie de production cinématographique qu'il détenait alors à 50 %. Plus grave encore, les sociétés faisant affaire avec Marc Rich sont informées que les sommes en provenance du trader pourront être saisies par l'administration américaine. La situation devient critique pour Marc Rich & Co AG. Devant les risques économiques encourus, les partenaires habituels de l'entreprise commencent à s'en détourner. Il est temps de trouver une solution. À contre cœur, Marc Rich & Co AG décide de plaider coupable d'évasion fiscale et accepte de verser 200 millions de dollars d'amende à l'État américain.

C'est à l'époque la somme la plus importante recouverte par le Trésor dans une affaire de ce type.

La partie financière est réglée. Reste le cas de la peine d'emprisonnement, qui ne peut être décidée qu'au cours d'un procès en présence de l'accusé. Or Marc Rich récuse la mise en examen. Selon lui, les transactions avec l'Iran ont été réalisées pour le compte de Marc Rich & Co AG, basée en Suisse, et donc non concernée par l'embargo américain. De plus, il a lui-même renoncé à la nationalité américaine et a été naturalisé espagnol en 1982. Le trader refuse donc de se rendre aux États-Unis et la Confédération helvète s'oppose à la demande d'extradition de la justice américaine. Démarre alors une véritable chasse à l'homme. En octobre 1985, deux agents de l'US Marshals Service, l'organisme en charge de la traque des fugitifs pour le compte de la justice américaine, se rendent en Suisse clandestinement. Leur plan consiste purement et simplement à kidnapper Marc Rich, à lui faire passer la frontière française ou allemande et à le livrer à Interpol, en possession d'un mandat d'arrêt. Malheureusement pour les deux hommes, Marc Rich bénéficie probablement de fuites au sein même de l'administration américaine et leur couverture est grillée. Des policiers suisses les appréhendent alors qu'ils sont en planque devant les bureaux du trader et leur conseillent de quitter gentiment le pays. Deux ans plus tard, c'est le brouillard qui sauve le trader. Un indicateur avait alerté l'US Marshals Service que Marc Rich prévoyait de se rendre à Londres en jet privé et les agents américains comptaient le cueillir à son arrivée. Le Gulfstream IV décolle bien de Zurich en direction de la Grande-Bretagne ce jour de novembre 1987, mais les conditions météorologiques le contraignent à faire demi-tour en plein vol. Et quand ce ne sont ni ses informateurs ni la chance qui lui sauvent la mise, Marc Rich peut s'en remettre à l'instinct de son service de sécurité. C'est en effet le chef de celui-ci qui déconseille formellement au trader de se rendre en Russie pour y signer un contrat lucratif en septembre 1992, déjouant ainsi une arrestation préparée minutieusement par les Américains à Moscou. Pourtant placé sur la liste des hommes les plus recherchés par le FBI, Marc Rich continue donc imperturbablement de parcourir le monde, la plupart du temps sous un faux nom, pour conclure ses affaires.

En septembre 1988, le *Financial Times* cite Marc Rich comme le trader de matières premières le plus riche et le plus puissant de tous les temps. À la fin des années 1980, le chiffre d'affaires annuel de Marc Rich & Co AG est estimé à 30 milliards de dollars. L'entreprise ne se fixe aucune limite pour maximiser ses profits. Pendant plusieurs années, elle fournit ainsi une part importante du pétrole consommé par l'Afrique du Sud, pourtant sous embargo international. Pour garder anonymes ses fournisseurs officiellement pro-boycott, le trader regorge de créativité. Le 21 septembre 1988, alors qu'il fait route vers Gênes les cuves pleines de pétrole soviétique, le capitaine d'un cargo norvégien est avisé par télex de faire cap vers l'Afrique du Sud. Il lui est formellement interdit de révéler sa destination précise à quiconque. Arrivé au large du Cap le 15 octobre, il reçoit l'ordre de baisser pavillon et de masquer le nom de son navire par une bâche...

Quelle que soit la discipline dans laquelle il exerce, le destin de tout astre est un jour de décliner. Marc Rich n'échappe pas à la règle. En 1992, son flair légendaire finit par le lâcher. Alors qu'il s'est spécialisé dans le pétrole ces dernières années, il se laisse convaincre par un jeune trader de sa société d'engager une opération risquée mais potentiellement très lucrative sur le marché du zinc. Malheureusement pour lui, le plan échoue et les pertes sont colossales. En interne, les dents grincent. Certains cadres avaient tenté de prévenir le désastre, mais n'avaient pas été entendus. Plusieurs quittent le navire. Marc Rich se résout alors à tirer la conclusion qui s'impose à lui.

Le 29 novembre 1993, il vend ses parts de Marc Rich & Co AG à ses associés, qui ne croient plus en sa capacité à diriger avec efficacité. Une partie des 600 millions de dollars qu'il touche à cette occasion lui serviront à créer une nouvelle entreprise de trading en 1996. Cependant, l'aventure ne durera qu'une poignée d'années. La machine à fabriquer des dollars qu'était Marc Rich s'est grippée.

Le 20 janvier 2001, contre toute attente, Marc Rich obtient la grâce présidentielle lors du dernier jour de la mandature Clinton – le fruit d'un travail de lobbying intense mené auprès de la Maison-Blanche. Malgré ce pied de nez à la justice américaine, considéré comme scandaleux par beaucoup, Marc Rich renonce à revenir aux États-Unis. Sa confiance dans le système judiciaire du pays est limitée. Après avoir respiré le bon air de Suisse pendant près de deux décennies, le trader controversé, adulé par son petit cercle, haï du plus grand nombre, décède le 26 juin 2013 à Lucerne d'une hémorragie cérébrale.

12 LE BRAS DE FER

Été 2022

L'été 2022, c'est certain, restera dans les mémoires des Rouynorandiens. Ces dernières semaines, l'épaisse couche de neige qui recouvrait la ville depuis le mois de novembre a fondu, laissant apparaître des trottoirs balafrés par le gel et des monticules de poussière grisâtre, résidus des graviers projetés sur le sol pendant l'hiver pour réduire les risques de chutes des passants. Les bottes et les lourds manteaux ont repris leur place dans des malles rangées au fond des placards. Les badauds attentifs peuvent de nouveau prêter une oreille au lent clapotis des eaux du lac Osisko, le long de ses rivages herbacés. Sur les rochers de la mal nommée île aux Mouettes, les colonies de goélands à bec cerclé sont de retour et raillent la journée durant. À la mi-mai, une rareté a fait son apparition en ville. Vraisemblablement en raison de vents violents qui ont sévi la semaine précédente dans l'Outaouais, les Laurentides et en Lanaudière, un héron vert a été aperçu par plusieurs ornithologues chevronnés. Il colporte à qui veut l'entendre la morale de la fable que Jean de La Fontaine lui a dédiée: « On hasarde de perdre en voulant trop gagner. » Mais à qui, de la fonderie Horne, de la population de Rouyn-Noranda ou du gouvernement du Québec, cet adage s'adresse, cela le héron ne le dit pas.

Chez les Leclerc-Desgagnés, Nicole est généralement la première levée. À l'aube, elle ouvre les yeux dans la pénombre, enfile ses chaussons à tâtons et se rend discrètement à la cuisine grignoter une tartine de crème d'érable ou de confiture maison. Elle allume ensuite sa tablette pour y consulter sa messagerie en attendant que Guy se lève à son tour et vienne préparer le café dans une série de gestes ritualisés. Depuis quelque temps, Guy s'essaie à la réalisation de motifs comme le font les baristas. François, son fils aîné qui travaille au café L'Abstracto sur la rue Perreault, lui a montré comment dessiner un cœur ou une fleur. Mais pour l'instant, Guy n'est pas réveillé et Nicole décide d'allumer la radio en prenant soin de tourner le bouton du volume vers le minimum. Le journaliste Jean-Marc Belzile est l'invité de l'émission *Des matins en or*. Depuis quatre ans, il suit l'affaire de la fonderie pour Radio-Canada. Ce matin, il est venu dévoiler aux auditeurs qu'en 2019 Horacio Arruda, à l'époque directeur national de la Santé publique, a censuré la publication d'une annexe au rapport de biosurveillance sur l'imprégnation à l'arsenic des enfants du quartier Notre-Dame. Dans ce document était notamment mentionnée la forte incidence de cancers du poumon constatée par le passé à Rouyn-Noranda, ainsi que l'inaction du gouvernement. Nicole n'apprend rien de nouveau. Elle était à la réunion au cours de laquelle le Dr Arruda avait décidé de supprimer cette annexe du rapport final. Il avait décrété qu'elle risquait de générer beaucoup d'inquiétude au sein de la population et méritait une analyse plus poussée. Ne voyant pas venir ladite analyse, le comité ARET avait choisi de publier l'annexe quelques mois plus tard, mais celle-ci était passée sous les radars. Aujourd'hui relayée par tous les médias québécois, l'information fait l'effet d'une bombe et réactive la grogne de la population. Ce n'est pas tant le contenu de l'annexe 6 qui suscite la colère, mais bien plus cette sale impression qu'une fois encore les autorités ont cherché à leur cacher quelque chose.

L'opposition politique au gouvernement se fait alors le relais des contestations populaires.

D'autant plus que de nouvelles données affligeantes ont été récemment publiées par la Santé publique. Celles-ci font état d'une espérance de vie de 77,5 ans dans le quartier Notre-Dame, quand elle atteint 82,5 ans en moyenne au Québec. Les cas de cancers du poumon à Rouyn-Noranda sont 30 % plus fréquents que la moyenne québécoise. Et les complications liées aux grossesses sont à l'avenant. Acculé par ses adversaires politiques, les médias et l'opinion publique, le Premier ministre, François Legault, retourne sa veste et annonce tout à coup que, si la fonderie ne diminue pas ses émissions d'arsenic, il la fera fermer. C'est un véritable coup de tonnerre. Jusqu'ici, gouvernement et fonderie semblaient marcher main dans la main. La déclaration du Premier ministre vient rebattre les cartes. Elle surprend jusqu'aux membres du comité ARET, qui n'ont jamais appelé à une telle extrémité. Pour eux, la solution consiste à maîtriser les émissions de la fonderie, surtout pas à mettre plusieurs centaines de personnes au chômage. Ils se satisfont tout de même de l'intérêt que semble porter le Premier ministre à leur santé. La pression citoyenne commence à porter ses fruits.

À l'invitation de la députée Émilise Lessard-Therrien, membre de l'opposition, une centaine d'habitants se retrouvent dans la salle de spectacle

Le QG à Rouyn-Noranda. L'élue a voulu organiser un temps de parole pour maintenir la mobilisation à bloc. Elle a bien sûr invité le comité ARET ainsi que le collectif Mères au front. Depuis le début des événements, ce mouvement écologiste porte avec vigueur la voix des mères de famille, inquiètes pour la santé et l'avenir de leurs enfants. Ce soir, c'est Nicole qui remplace les porte-parole d'ARET, Mireille et Valérie, fatiguées par trois années d'intense activisme. Juste avant de monter sur scène, elle se remémore l'accident auquel elle a échappé de justesse au croisement de la rue Perreault et de l'avenue Larivière, il y a quelques années. Une conductrice avait perdu le contrôle de sa voiture et avait fondu sur elle à toute allure. Nicole n'avait dû son salut qu'à un petit saut réflexe, réalisé avec – étonnamment vu la situation – beaucoup de grâce. Depuis qu'elle a rejoint ARET, elle se surprend parfois à penser que c'est pour mener le combat pour la santé de ses petits-enfants qu'elle est restée en vie ce jour-là. Dans un silence quasi religieux, Nicole prend une vingtaine de minutes pour expliquer dans le détail les risques mortels liés au saupoudrage de métaux lourds dans l'air ambiant. Avec son 1,50 mètre, ses traits fins et ses grands yeux ronds, l'animal totem de Nicole pourrait être la souris ou l'écureuil. Mais ce soir, comme souvent lorsqu'elle parle de la fonderie, la petite bête sympathique a fait place à la mère ourse prête à défendre ses petits. Une femme en colère qui n'a pas besoin de rugir pour intimider, et dont toute la salle ressent la détermination froide et opiniâtre. Son intervention se termine sous une salve d'acclamations.

Et ce n'est pas fini. L'aiguille de l'applaudimètre continue de grimper lorsque Johanne, Julie, Laurie et Gabrielle, du collectif Mères au front, interprètent sur scène leur hymne, *Poutine à l'arsenic*, sur l'air de la chanson *Pudding à l'arsenic* tirée du dessin animé *Astérix et Cléopâtre* : « Épandez votre arsenic dans un nuage toxique / Faites tiédir à la fonderie un verre d'arsenic rempli / On va en mettre trois nanogrammes ? Noooon, cent nanogrammes ! / La poutine à l'arsenic nous permet ce pronostic / Au bar du capitalisme, que mangeront les actionnaires ? Nos enfants ! »

Ensuite, pendant plus d'une heure, celles et ceux qui le souhaitent prennent le micro pour s'exprimer. Ce temps de parole est nécessaire autant pour les orateurs que pour les auditeurs – une sorte de thérapie collective improvisée. On revient sur les traumatismes vécus depuis maintenant trois ans. Sur le sentiment de trahison et de délaissement des pouvoirs publics. On évoque le centre de cancérologie flambant neuf mis sur pied il y a dix ans, mais toujours inopérant faute de spécialistes disponibles,

les médecins étant découragés à l'idée de venir s'installer si loin de la capitale. On parle des voisins et des voisines qui, la mort dans l'âme, ont décidé de déménager. Avant de partir, l'une d'elles a même placé des cheveux de ses enfants dans des sacs hermétiques pour pouvoir les faire tester, au cas où ils développeraient des problèmes de santé à l'avenir. On parle aussi de ceux qui aimeraient bien partir mais n'en ont pas les moyens, des enfants qui sont nés prématurés, de ceux qu'on a laissés jouer dehors près de la fonderie, des tétines qui sont tombées et qu'on a remises dans la bouche, des légumes du jardin qu'on hésite à leur faire manger. On en vient à se demander si on a bien fait de faire des enfants. On mentionne bien sûr les maladies qui touchent et emportent les plus ou moins anciens : asthme, fibromyalgie, cancer, etc. On partage les angoisses qui surgissent la nuit, font blanchir les cheveux, nouent le cerveau dans tous les sens, provoquent des céphalées et empêchent de dormir. Et on parle de l'envie d'agir. De ne pas se laisser faire, de rester debout tant qu'il faudra. Non, nous ne sommes pas des citoyens de seconde zone. Non, nous ne nous tairons pas pour satisfaire les besoins économiques du pays. C'est hors de question. On arrive bien à aller sur la Lune et on nous dit qu'on ne peut pas filtrer les poussières d'une fonderie ? Mon œil ! Les seules luttes qu'on perd sont celles qu'on abandonne.

Pour nous, il est peut-être trop tard, mais pour nos enfants, nos petits-enfants, il y a encore une chance. Ce qui aurait pu tourner en une dépression généralisée se transforme en un modèle de galvanisation des troupes. «Apprendre à dire non, ça vaut de l'or», exhorte Émilise Lessard-Therrien. Et de conclure: «Nous, à Rouyn-Noranda, on va pas se faire manger la laine sur le dos.»

Chauffés à blanc, les citoyens mobilisés sentent bien que le moment est propice pour faire entendre leur voix. Tout le Québec suit la saga Rouyn-Noranda. Ils décident donc de se rendre, le lundi suivant, à la séance hebdomadaire du conseil municipal. Jusque-là, les édiles locaux se sont montrés plutôt timorés face à la situation. Les gagner à leur cause serait un véritable atout. Sur place, on répète donc les mêmes discours: sentiment de se faire balader par les pouvoirs publics, conviction que de nouvelles études de santé ne sont pas nécessaires pour agir et qu'il suffit d'exiger de la fonderie qu'elle applique la norme de 3 ng/m^3, impatience qui se transforme en exaspération. Les habitants ne parviennent pas à faire voter une résolution claire et précise par les élus du conseil, mais obtiennent tout de même une déclaration de la mairesse, Diane Dallaire, réclamant le respect des normes nationales. L'étau se resserre autour de la fonderie.

Dans les jours qui suivent, les révélations de la presse s'enchaînent : « Plus de 12 000 tonnes d'arsenic ont été enfouies à Rouyn-Noranda », « La fonderie avait omis de les déclarer », « La faune et la flore contaminées à plus de 50 kilomètres de Rouyn-Noranda », « Des chasseurs jettent des abats en raison de la contamination ». Car on l'aurait presque oublié, mais si l'arsenic présente un danger certain pour les humains, de toute évidence, il menace aussi l'ensemble du monde végétal et animal – comme cette fleur sauvage magnifique appelée « trille ondulée », avec ses pétales blancs marqués d'un V pourpre à leur base. Lorsque ses racines vont chercher dans la terre le phosphore qui la nourrit, elle puise bien involontairement des microdoses d'arsenic. Le poison s'accumule dans son frêle système cellulaire et inhibe son activité de photosynthèse. Les feuilles de la trille ondulée ne parviennent plus dès lors à capter suffisamment les rayons solaires, et c'est la mort qui la guette sous peu. Il y a aussi, à quelques encablures, cette abeille totalement désorientée. L'arsenic lui a fait perdre sa mémoire olfactive. Elle passe de fleur en fleur, mais ne sait plus les reconnaître. Pour elle aussi, la fin est proche. Seuls les poissons du lac Osisko se réjouissent – peut-être – de la situation, puisque la Santé publique déconseille aux humains d'en consommer plus de deux fois par mois à cause des métaux lourds contenus dans leur chair.

Pour ne rien arranger, un incendie causé par une défaillance technique a requis l'intervention des pompiers à la fonderie Horne pendant plus de quatre heures et suscité encore plus de méfiance de la part de la population – si c'était possible. Face à l'enchaînement de ces événements, l'usine se défend comme elle peut. Invité sur la radio montréalaise 98.5 FM, Claude Bélanger, l'un des dirigeants, répète inlassablement que l'entreprise est « pleinement engagée à réduire ses émissions ». Dans le langage formel d'un cadre d'entreprise, il ajoute que « d'importants efforts seront consacrés pour améliorer ses performances environnementales », « dans le respect des échéances et de l'ensemble des parties prenantes ».

13 L'HYDRE DERRIÈRE LA FONDERIE

Au moment où les habitants du quartier Notre-Dame découvrent la contamination de leurs enfants à l'arsenic, le magazine américain *Fortune* publie, de son côté, son classement annuel des 500 plus grosses entreprises mondiales selon le chiffre d'affaires. En 2019, les trois premières places européennes sont occupées par des firmes bien connues du grand public – les industries pétrolières Shell et BP, accompagnées du constructeur automobile Volkswagen. Des voitures donc, et de l'essence pour les faire rouler. Au pied du podium, c'est une surprise pour les néophytes. Avec près de 220 milliards de dollars – soit environ l'équivalent du PIB de la Grèce et de ses 10 millions d'habitants – figure une compagnie immatriculée en Suisse sous le nom de Glencore, l'acronyme banal de Global Energy Commodity Resources. Comme si Nike avait décidé de s'appeler Chaussures et

Vêtements de Sport. C'est en fait le nom donné en 1994 à Marc Rich & Co AG après le départ de son fondateur. Sur le site Internet de l'entreprise n'apparaît quasiment aucune mention de Marc Rich, comme si les traders étaient devenus des adeptes de la *cancel culture*. Le groupe est toujours spécialisé dans l'extraction et la commercialisation de matières premières de tous types : des énergies fossiles comme le pétrole et le charbon, des céréales via sa filiale Viterra, mais aussi et surtout des métaux. Aluminium, cobalt, cuivre, nickel, zinc. Depuis l'avènement des révolutions industrielle et technologique, ces matériaux sont devenus aussi indispensables à nos sociétés de consommation que l'oxygène à nos poumons. Il y a du cobalt dans la batterie de nos téléphones pour en réguler la température et les empêcher ainsi de se désagréger en cas de surchauffe. On trouve du cuivre dans les fils électriques déroulés le long des cloisons de nos appartements jusqu'aux prises de courant auxquelles nous branchons nos ordinateurs, réfrigérateurs et machines à laver. Le nickel est utilisé dans l'acier inoxydable pour fabriquer nos louches, spatules et casseroles. Le zinc aide à relier les macromolécules du caoutchouc entre elles dans les pneus des voitures pour éviter qu'ils ne se déforment. Et il y a de l'aluminium dans la carcasse des milliers d'avions qui piquettent notre ciel chaque jour. N'en jetez plus. En 2019, l'Institut d'études géologiques des États-Unis estime la production mondiale annuelle de ces cinq métaux réunis à plus d'une centaine de millions de tonnes – soit l'équivalent du poids d'environ 10 000 tours Eiffel –, et leur prix de vente sur les marchés à plusieurs milliers d'euros la tonne.

« *We have the raw materials the world needs.* » « Nous avons les matières premières dont le monde a besoin. » En choisissant ce slogan, la multinationale fait comprendre à qui veut qu'elle s'est rendue incontournable dans notre circuit économique planétaire. Glencore a tissé sa toile sur tous les continents. Australie, Congo et Norvège pour le cobalt ; Chili et Philippines pour le cuivre ; Pérou et Kazakhstan pour le zinc, ou encore Afrique du Sud pour le chrome ; mais aussi Brésil, Cameroun et Mozambique pour le pétrole, ainsi que Colombie pour le charbon. Trente-cinq pays au total. Dix-sept fuseaux horaires. Le monde quadrillé entre San Francisco à l'ouest et Tokyo à l'est, entre Le Cap au sud et le Nunavik au nord.

Pour faire tourner la boutique, Glencore revendique le nombre de 140 000 employés, dont l'immense majorité est dédiée à l'exploitation et à la production de métaux. Pourtant, c'est une minorité de négociants qui rapporte le plus de dollars à l'entreprise. Il n'existe pas de fiche descriptive pour le métier de trader en matières premières sur les sites Internet de recherche d'emploi. Mais voici grosso modo les compétences requises : sens du relationnel pour nouer des liens serrés avec les vendeurs et les acheteurs, rapidité pour arriver premier sur une affaire, créativité pour imaginer les contrats les plus profitables, agilité pour s'ajuster aux brusques modifications du marché et méticulosité pour s'assurer de ne pas égarer d'opportunités en route. De toute évidence, goût pour les voyages en long-courrier et maîtrise de l'anglais sont des prérequis. Enfin, bonne résistance au stress car, dans ce métier, toute erreur peut se chiffrer en millions d'euros. Pour résumer avec le vocabulaire adéquat, il faut être doté d'un bon *business sense* pour *pricer* le risque en prenant en compte l'ensemble des *drivers*. Tout ce dont Marc Rich pouvait se prévaloir. Comme pour tout bon commerçant, l'atout maître du trader est l'information. C'est sa connaissance cumulée des capacités des fournisseurs et des besoins des consommateurs qui peut lui permettre de générer des bénéfices. Il est aidé en cela par des analystes spécialisés tant dans des zones géographiques précises que dans des types spécifiques de matières premières. Nuit et jour, ces équipes surveillent l'actualité mondiale pour anticiper la fluctuation des cours de production et déterminer où et quand la demande va devenir aussi tendue qu'une arbalète. Guerre, coup d'État, attentat, prévision météorologique, découverte scientifique, nouvelle tendance sur TikTok, tout passe au crible des analystes. Viennent ensuite les juristes aguerris aux réglementations locales et internationales, les experts en contrats d'assurance, les logisticiens pour affréter les cargos et vérifier la marchandise, et enfin les financiers capables de lever plusieurs centaines de millions d'euros grâce à des montages interbancaires.

Pendant longtemps, Glencore n'a appartenu qu'à ses fondateurs et aux traders qui les rejoignaient. En 2011, seuls trois dirigeants connaissaient le détail de la répartition des parts parmi l'ensemble des 485 employés actionnaires de l'entreprise. Mais cette année-là, Glencore choisit d'ouvrir son actionnariat au grand public. Le voile est alors levé sur l'identité de ses principaux détenteurs. Le moins bien loti des employés actionnaires tutoie le million de dollars en valeur d'actions. Les cinq plus importants d'entre eux se taillent la part du lion : près de 20 milliards de dollars en cumulé. Le Sud-Africain Ivan Glasenberg, l'Espagnol Daniel Maté, le Grec Telis Mistakidis, l'Américain Tor Peterson et le Britannique Alex Beard. Cinq hommes nés dans les années 1950 et 1960.

Ensemble, ils ont décidé d'introduire Glencore en Bourse, principalement pour lever des fonds en vue d'acquérir Xstrata, une multinationale spécialisée elle aussi dans les minerais. C'est chose faite en mai 2013, après quinze mois de rebondissements qui auront notamment vu l'ancien Premier ministre britannique Tony Blair toucher plus de 1 million de livres sterling pour avoir facilité pendant quelques heures les négociations avec le patron de Qatar Holding, l'un des principaux actionnaires d'Xstrata. Grâce à cette OPA, les négociants de Glencore se placent au même niveau que les plus grandes compagnies minières du monde. Aux côtés des discrets mais surpuissants Anglo American, BHP Group, Rio Tinto et Vale. Pour ces géants habitués à faire fondre et mélanger des métaux, l'absorption de groupes concurrents semble inexorable. Manger ou être mangé, telle est la question.

Au Québec, la Noranda Mines Limited, qui avait étendu ses activités jusque dans dix-huit pays depuis sa création, a été rachetée en 2006 par la fameuse Xstrata. La fonderie Horne, après être restée plus de huit décennies dans le giron du même groupe, est donc passée dans les mains de nouveaux propriétaires. Et depuis 2013, c'est désormais le logo de Glencore qui s'affiche à l'angle de la 7e Rue et de l'avenue Portelance, juste devant le grillage d'entrée de l'usine. En 2019, Ivan Glasenberg, Daniel Maté et Telis Mistakidis figurent toujours parmi les dix plus gros propriétaires de l'entreprise. Mais avec 9 % du total des actions, l'actionnaire principal est désormais une filiale du Qatar Investment Authority, le fonds d'investissement souverain de l'émirat. Selon le Sovereign Wealth Fund Institute, le total de ses actifs dans le monde s'élève à 475 milliards de dollars. Le Qatar possède ainsi des parts de la Barclays, du Crédit Suisse, des hôtels Accor, du groupe Lagardère, d'Airbus, de Porsche, de Volkswagen, de Total, de Suez, de Veolia, de Vinci, etc.

L'entreprise à laquelle les citoyens rouynorandiens ont affaire n'est donc pas vraiment cette imposante et bien palpable fonderie locale que leurs parents et avant eux leurs grands-parents ont toujours connue. Il ne suffit pas d'aller se poster devant l'entrée pour apercevoir et même, pourquoi pas, saluer ses dirigeants. Non, leur fonderie appartient désormais à une hydre fascinante et insaisissable. À la fois lointaine et puissante. Méconnue du grand public, mais forte de milliards de dollars de bénéfices annuels. Extrêmement morcelée et pourtant bien centralisée derrière le bâtiment blanc et vitré qui abrite son siège social dans la petite ville helvétique de Baar. Fluide, presque liquide dans son fonctionnement et néanmoins si solide dans ses résultats financiers. Aussi compacte que la roche qu'elle exploite aux quatre coins du monde pour soutenir l'irrépressible besoin de croissance mondiale de la partie la plus aisée de l'humanité.

L'arrivée de Glencore en Abitibi s'est faite sans remous. Se glisser dans les chaussons des anciens propriétaires n'a pas été trop difficile pour la multinationale. Glencore a intelligemment poursuivi la politique de mécénat social, sportif et culturel mise en place par la fonderie au temps de la Noranda. L'Aréna où se déroulent les matchs des Huskies, l'équipe locale de hockey sur glace, porte le nom de l'entreprise. Tout comme une des scènes du Festival des guitares du monde. Glencore est aussi partenaire du festival Osisko en lumière, du Festival de musique émergente, du Festival d'humour émergent, du Festival du cinéma international en Abitibi-Témiscamingue et de La Guinguette chez Edmund, qui prend ses quartiers chaque été sur le chemin de la Grande-Place. Voici pour les amuse-bouches. Car l'intrication entre l'entreprise et la ville va plus loin.

Via un appel à projets semestriel, Glencore finance des institutions pérennes comme le musée d'Art de Rouyn-Noranda, la Fondation de l'université du Québec en Abitibi-Témiscamingue ou la Maison de l'envol, dédiée à des patients en soins palliatifs. Parmi les bénéficiaires récents, on trouve également plusieurs écoles primaires, une radio étudiante, une fondation œuvrant pour la santé mentale, le Petit Théâtre du Vieux-Noranda, l'Orchestre symphonique régional de l'Abitibi-Témiscamingue, une ressourcerie, une maison d'accueil pour sans-abri, un centre d'aide et d'hébergement pour les femmes victimes de violences conjugales, une association d'accueil de migrants et un organisme de soutien en faveur des personnes handicapées. La générosité de l'entreprise semble être sans limites. L'esprit du comité des sages en charge de l'attribution de bourses aux initiatives citoyennes est très ouvert. Il y en a pour tous les goûts. Ici 2 000 dollars pour une collecte en faveur du centre de cancérologie de la ville, là 40 000 pour améliorer les remontées mécaniques de la station de ski du mont Kanasuta. Les clubs de golf, de tennis, de vélo et de motoneige de Rouyn-Noranda peuvent aussi dire merci à la fonderie. Tout comme la police locale, qui reçoit un soutien de l'usine pour sa campagne annuelle de cadeaux de Noël au profit des enfants défavorisés. Et jusqu'aux bacs du jardin de l'école primaire alternative La Source, qui doivent leur frêle existence aux dirigeants bienfaiteurs de la fonderie Horne. En novembre 2022, la chambre de commerce et d'industrie de Rouyn-Noranda décerne à Glencore le prix Extra – Engagement communautaire, à l'occasion de son gala annuel. Et c'est bien mérité. Tout au plus les rabat-joie observeront-ils que les 500 000 dollars canadiens annuels consacrés au soutien de la communauté rouynorandienne représentent environ 0,02 % de la valeur totale des anodes de cuivre produites par la fonderie. À ce prix-là, la bienfaisance pourrait être interprétée comme un investissement rentable. Car les partisans de la limitation des émissions d'arsenic par la fonderie le savent bien, on ne mord pas la main qui nourrit. Or, à Rouyn-Noranda, chacun a quelqu'un parmi ses proches, sa famille, qui bénéficie du sponsoring de la Horne.

Les salariés de la fonderie sont mis à contribution dans ce vaste dispositif de perfusion. Plusieurs cadres sont fortement encouragés à faire du bénévolat pour des institutions de la ville comme l'école de musique, la Fondation hospitalière de Rouyn-Noranda ou encore l'association Ville et villages en santé, qui vise à l'amélioration de la qualité de vie de la population. À vrai dire, *salarié* n'est pas le mot. Ni *employé* d'ailleurs. La direction des ressources humaines de la fonderie préfère utiliser le mot *allié*. Dans sa campagne de recrutement « Pour un alliage durable », onze alliés donc se prêtent au jeu de la comédie dans des vidéos dignes de clips hollywoodiens. Celle d'un certain David commence par des photos de son enfance. Lui qui rêvait de devenir pompier a opté pour une « meilleure qualité de vie professionnelle et personnelle » en choisissant le métier de tuyauteur à la fonderie Horne. Grâce aux possibilités d'avancement de l'entreprise, le voici superviseur à l'entretien, ce qui lui vaut de relever de nouveaux défis. Cerise sur le gâteau, David peut de temps en temps revêtir un simili-costume de pompier pour venir en aide à ses collègues, pardon ses co-alliés, en tant que secouriste sur son lieu de travail. La vidéo ne précise pas si David est sommé de concilier un diptyque qui se retrouve sur certaines des offres d'emploi de la fonderie : « intégration de la santé et de la sécurité comme valeur fondamentale » et « accent sur les résultats : va au-delà des attentes pour atteindre les objectifs ». Un drôle de casse-tête qu'un esprit sarcastique pourrait résumer ainsi : comment oser prendre des risques sans pour autant se mettre en danger.

Mais le dada des communicants de Glencore qui déteint implacablement sur leurs collègues de la fonderie est sans conteste le développement durable. La lecture de la page Facebook des deux entreprises donne l'étonnante impression de parcourir le bulletin de deux ONG écologistes.

Fonderie Horne, 11 mai 2021

À la fonderie Horne, nous sommes engagés dans la mise en place de programmes relatifs au maintien de la biodiversité. C'est pourquoi nous sommes fiers d'être partenaires du projet « Lumière sur l'engoulevent bois-pourri, chanteur de la nuit ». Ce projet vise à maintenir les efforts d'acquisition de connaissances sur cette espèce, la mise en œuvre d'un programme de rétablissement à l'échelle locale ainsi qu'un transfert de connaissance et la sensibilisation, notamment auprès des enfants d'âge scolaire.

Glencore, 21 mai 2021

L'aluminium vert est un des métaux qui permet de nous guider vers un futur à bas carbone. Écoutez Robin Scheiner pour découvrir comment les métaux verts s'intègrent dans nos vies quotidiennes.

Fonderie Horne, 5 juin 2021

Nous sommes engagés envers la protection de l'environnement et la conservation de la biodiversité. Nos employés sont d'ailleurs actifs dans la communauté et répondent bien souvent présents lorsque vient le temps de poser des actions concrètes pour l'environnement. C'est dans cet esprit qu'une équipe, composée d'employés de la fonderie, a pris part au Défi « grand ramassage » lancé aux entreprises, en faisant le nettoyage des accotements d'un tronçon de la route 117 à la sortie de la ville de Rouyn-Noranda. Félicitations à nos employés et à toutes les entreprises qui ont pris part à ce défi pour votre implication!

Glencore, 9 juin 2021

Notre ambition est de minimiser les impacts potentiels de nos activités sur l'environnement grâce à une gestion responsable des ressources parmi l'ensemble de nos opérations. Dans ce cadre, nous nous sommes engagés dans la diminution de notre empreinte sur l'utilisation de l'eau afin de garantir l'accès à une eau saine pour les populations locales.

Fonderie Horne, 10 août 2021

L'été dernier nous avons joint l'initiative régionale pour le rétablissement des insectes pollinisateurs. Ce projet, réalisé en partenariat avec la Ville de Rouyn-Noranda, les entreprises YSYS Corporation et le Centre Jardin Lac Pelletier, a permis de mettre en place un jardin longeant la piste cyclable du lac Osisko dans le secteur de l'école Notre-Dame-de-Protection. Toutes les espèces de fleurs qui se retrouvent dans ce jardin visent à attirer des pollinisateurs, dont le nombre est en diminution constante depuis les dernières années. Nous sommes heureux de constater que les efforts déployés ont porté leurs fruits, car les plants sont en fleur et il est facile d'y apercevoir des bourdons, abeilles et autres insectes pollinisateurs.

De quoi cette verte obsession est-elle le nom? Conviction réelle? Opportunité commerciale? Maquillage sophistiqué? Une certitude: pour asseoir cette image aux yeux du public, les dirigeants de la fonderie Horne tirent au maximum parti des activités de recyclage commencées dès les années 1980. Vers la fin de l'été, des dizaines d'employés sont mobilisés pour organiser la Journée opération recyclage. Les habitants de la ville sont alors invités à venir déposer leurs appareils usagés en échange d'un petit cadeau de l'entreprise, dans une ambiance festive – barbecue et animations pour les enfants. Cette stratégie est validée par le siège de Glencore, où la circularité de l'économie est devenue le nouveau mantra. Dans une interview donnée à l'association Suisse Négoce, Kunal Sinha, le directeur du recyclage du cuivre, du cobalt et des produits électroniques chez Glencore, explique que le recyclage n'est pas un «petit projet exotique». L'entreprise est en effet convaincue que la décarbonation des activités humaines passera par l'utilisation de plus en plus de métaux, notamment pour faciliter la transition des énergies fossiles à l'énergie électrique. D'où la nécessité impérieuse pour Glencore de maximiser ses approvisionnements en matériaux. Et face à la raréfaction de la plupart des métaux dans les espaces naturels, le recyclage devient dès lors un immense gisement potentiel. Kunal Sinha se réjouit ainsi des projections de l'ONU selon lesquelles les produits électroniques sont le type de déchets qui augmente le plus rapidement dans le monde. De 54 à 75 millions de tonnes entre 2019 et 2030. Ce qu'il ne précise pas, c'est que les experts de l'ONU considèrent, eux, cette tendance comme inquiétante. Pour l'association SystExt spécialisée dans les problématiques de l'extraction minière, le recyclage doit être envisagé en dernier recours – après la promotion de la sobriété numérique et la lutte contre l'obsolescence programmée. D'autant plus qu'il est absolument impossible de récupérer la totalité des métaux contenus dans les produits électroniques lors de leur recyclage, du fait de leur caractère dispersif. Une brèche béante dans le mythe de la circularité illimitée. Mais qu'à cela ne tienne, les industriels du secteur peuvent compter sur le soutien du gouvernement canadien, persuadé qu'une exploitation minière durable et responsable est possible.

C'est un recyclage d'un vert nettement moins reluisant qu'une enquête de Radio-Canada divulgue en 2022. Les journalistes Thomas Deshaies et Thomas Gerbet ont découvert que, entre 2017 et 2020, 340 000 tonnes de déchets industriels potentiellement dangereux ont été brûlés par la fonderie Horne. Ferraille, boues, résidus d'usinage, rebuts issus d'eaux usées. En provenance d'Amérique du Nord majoritairement, mais aussi d'Europe et d'Asie. Et pouvant contenir des biphényles polychlorés, hautement persistants dans l'environnement et dont on connaît encore mal la toxicité. Un approvisionnement que ne nient pas les communicants de Glencore et de la Horne aux deux journalistes, mais dont ils ne disent mot sur les réseaux sociaux. Il semble que la géométrie de cet intérêt tant exprimé pour l'écologie soit pour le moins variable.

14 CRISPATIONS ET MANIFESTATION

Été 2022

Sur l'avenue Portelance, en fin d'après-midi, les pick-up défilent les uns derrière les autres. Au volant, des ouvriers d'une trentaine d'années immanquablement barbus, parfois tatoués, une casquette vissée sur la tête. Chacun rentre chez soi après une dure journée de travail. Depuis que le Premier ministre a menacé de fermer la fonderie, ils sont murés dans le silence. Tenus par un devoir de loyauté envers l'entreprise, aucun ne souhaite parler aux journalistes. Mireille a bien essayé d'échanger avec son beau-frère qui y travaille, mais a rapidement préféré ne pas insister pour ne pas le mettre en difficulté. Dans l'usine, les ouvriers portent une combinaison et un masque. Difficile d'imaginer ce qu'ils ressentent quand ils passent devant les habitants sans protection du quartier Notre-Dame.

Dans une de ses très rares interventions, le président du syndicat des travailleurs de la fonderie fait part des inquiétudes de ses collègues à propos de la santé des habitants de Rouyn-Noranda, mais aussi de leurs emplois et de l'activité économique de la ville si la fonderie venait à fermer. Santé contre économie, le débat sous-jacent depuis toujours est ouvert. Comme tout dilemme, il charrie avec lui son lot de crispations. Jonathan Tremblay, un salarié de la fonderie, rapporte que des travailleurs ont été traités de tueurs d'enfants. Il crée le groupe Facebook « J'appuie la fonderie », auquel adhèrent plusieurs centaines de personnes. Les messages de soutien affluent :

> Je sais que plusieurs d'entre vous se sentent affectés face à la pression que la fonderie peut avoir... Il est facile de tomber vers la rage de s'exprimer sur les réseaux sociaux... car on vit bel et bien de l'intimidation, du harcèlement... Je tiens à rappeler aux gens de rester forts... présentement ce n'est que de la pression politique et médiatique... Faut voir le positif... plusieurs bons changements s'en viennent... Moi j'y crois... et je sais que plusieurs d'entre vous y croient aussi... J'appuie la fonderie... et j'en suis fier.... et restez fiers vous aussi et tenons-nous les coudes!!!!!

Moi j'me demande encore comment se fait-il que je sois encore vivant et en santé après 57 ans à vivre à Rouyn, ou un voisin de 95 ans.

Il y a moins de pollution ici que sur la rue Ste-Catherine à Montréal. Nos lacs sont en meilleure santé que tous ceux dans le sud de la province. Donc arrêtez de nous dénigrer et regardez dans votre localité.

Pas drôle de voir ce monde qui ont hontent de leur ville si pas heureux à Rouyn déménage on ne vous retient pas.

Ces mots, Nicole les a déjà entendus de la part d'une connaissance lointaine, après l'une de ses prises de parole en public. D'autres militants ont également eu à subir ce type d'intimidations. Laurie, membre du collectif Mères au front, a été invectivée devant les studios de Radio-Canada par quatre hommes tout juste sortis de leur pick-up. Le regard menaçant, ils lui ont intimé l'ordre de dégager si elle n'était pas contente de vivre ici. Comme si, pour partir, il suffisait de rentrer chez soi, de boucler ses valises, de les jeter dans le coffre de son auto, de faire le plein et de s'arrêter dans la première ville venue, le sourire aux lèvres, sans même se retourner. Comme si Nicole n'avait pas construit tout l'édifice de sa vie à Rouyn-Noranda, cette maison qu'elle et Guy ont retapée et dans laquelle ils ont élevé leurs enfants, ce jardin dont elle aime tant prendre soin, ces amis avec qui il est si bon de partager un moment au bord du lac. Comme si Laurie n'avait pas projeté une vie pleine de joie dans cette ville si prometteuse. Un premier job dans la protection de l'environnement, une rencontre amoureuse, l'espoir d'un enfant à venir. Et puis quoi, il faudrait tout recommencer parce qu'on a osé s'exprimer, dire le fond de sa pensée ? N'empêche que les menaces fonctionnent. Dans les cafés, certains se surprennent à embrasser la salle d'un regard crispé, puis à baisser significativement la voix avant de parler de la fonderie.

De nouveaux coups de théâtre éclatent au mois d'août et ne font pas, loin s'en faut, baisser la tension entre les habitants. Le jeudi 4, on découvre que la fonderie a tenté, sans succès, d'obtenir les données personnelles des enfants ayant participé à l'étude de biosurveillance de 2018 pour, officiellement, « analyser en détail les résultats des analyses de sang et d'ongles ». Le lundi 8, on apprend que la Commission d'accès à l'information du Québec a reçu une plainte de Marc Nantel, le représentant du REVIMAT, pour le caviardage de documents fournis par la fonderie au ministère de l'Environnement dans le cadre de ses obligations.

Une semaine plus tard, le 15, le ministre de l'Environnement annonce lors d'une conférence de presse que la prochaine attestation délivrée en fin d'année à la fonderie fixera à 15 ng/m³ l'objectif à atteindre pour 2027. Trois jours après, le 18, la fonderie Horne dévoile un plan de réduction des émissions d'arsenic. Par un heureux hasard, ses dirigeants, qui, depuis des mois, se refusaient à chiffrer le moindre seuil, se disent en mesure de passer sous la barre des 15 ng/m³ d'ici à 2027. Il suffisait que le gouvernement tape du poing sur la table… ou qu'il attende que les industriels soient enfin prêts pour coordonner leurs annonces?

Le bras de fer autour de l'arsenic dure depuis maintenant trois ans. Petit à petit, le rapport de force a évolué. La mobilisation citoyenne et la pression médiatique ont poussé le gouvernement à contraindre la fonderie à s'engager sur la voie d'une réduction significative des émanations d'arsenic. Cela dit, 15 ng/m³, c'est encore cinq fois plus que la norme nationale. Les Rouynorandiens, ou tout du moins une bonne partie d'entre eux, ne veulent plus être considérés comme les parias du Québec. Un grand rassemblement est organisé le vendredi 23 septembre pour exiger le respect des 3 ng/m³ au plus vite.

Le point de départ est fixé à quelques pas de l'école primaire Notre-Dame-de-Protection. Le ciel est bleu, mais l'air est frais. Fini les manches courtes de l'été. Certains y sont même allés d'une écharpe ou d'un bonnet. Il y a des jeunes, des vieux, des profs, des employés, des chômeurs, des entrepreneurs. En tout, 900 personnes sont réunies. C'est un record pour la ville. Et encore, plusieurs centaines d'autres soutiennent probablement les manifestants, mais ne les ont pas rejoints par crainte, réelle ou fantasmée, de perdre leur emploi pour avoir exposé leur opinion en public. Pendant près de quatre heures, les marcheurs arpentent les rues de Rouyn-Noranda. Ils marquent un arrêt devant la fonderie, où les organisatrices confient le micro à Mireille. Son fils Olivier, du haut de ses 5 ans, est à ses côtés. Après sa prise de parole, la foule remonte la 9e Rue, passe devant l'hôpital puis le palais de justice avant de déboucher sur l'avenue principale. Malgré la gravité du sujet, l'humeur est joviale. Un homme-orchestre fait claquer ses cymbales et souffle dans son harmonica. Une grappe d'enfants reprend en riant les slogans pourtant graves de leurs parents. « L'arsenic est un poison, on n'en veut pas dans nos poumons » et sa variante : « L'arsenic est un poison, on n'en veut pas dans nos maisons », ou encore les classiques « Nos vies valent plus que leurs profits » et « Ici, maintenant, pour le futur de nos enfants ». Des phrases qui s'élèvent dans le ciel de la ville en direction des oreilles des dirigeants de la fonderie. Puis l'on s'arrête pour donner la parole à Richard Desjardins.

L'enfant du pays. Né en 1948 dans le quartier Notre-Dame, devenu l'un des chanteurs les plus célèbres du Québec, auteur de documentaires primés sur l'écologie et fondateur de l'Action boréale, une association qui lutte pour la préservation des forêts au Canada. Une fresque murale de 950 mètres carrés lui rend hommage le long du boulevard Rideau. Dans un silence de cathédrale, Richard Desjardins déploie son discours militant. Il est juché sur une chaise brinquebalante stabilisée comme elle le peut par Laurie. La jeune femme retient son souffle et prie pour que le vieil homme ne dégringole pas. Mais l'édifice improvisé tient bon, et l'intervention de Richard Desjardins se termine par une reprise en chœur chargée en émotion de sa chanson *Nous aurons*.

Après quoi, le cortège se défait et l'on va finir la soirée dans la chaleur de sa chaumière ou plutôt dans celle d'un bistrot, à vider une bière ou deux et à se réconforter les uns les autres en se repassant la journée en boucle. On s'extasie devant la créativité de certaines pancartes, on essaie d'évaluer le nombre de personnes présentes, on compare cette estimation aux chiffres des précédents rassemblements, on met à jour les pages d'accueil des journaux sur Internet pour y lire le traitement réservé à la manifestation, on commente les messages postés sur Twitter ou Facebook, on commande de nouveau à boire, puis à manger, on spécule sur les réactions à venir du gouvernement, on divague sur ces maudites cheminées auxquelles on ne peut échapper où que l'on soit en ville, on tente d'oublier la rumeur et les vibrations de l'usine en demandant au patron de monter la sono, puis on pense à ses pieds qui, demain, c'est sûr, seront tout meurtris, on rit aux larmes de fatigue et on fredonne quelques-unes des chansons qui ont fait le succès de Richard Desjardins.

Moins d'une semaine plus tard, c'est la douche froide. Le Premier ministre, François Legault, en pleine campagne électorale pour les législatives, change une nouvelle fois son fusil d'épaule. Il déclare que la situation sanitaire à Rouyn-Noranda n'est finalement pas aussi dramatique que certains veulent bien le dire. Il ajoute que, de toute façon, la fonderie – qui, souligne-t-il, représente 600 emplois à 100 000 dollars par an et des milliers d'emplois indirects – ne pourra techniquement pas descendre à 3 ng/m^3.

Étrangement, néanmoins, il promet que ce seront les citoyens de Rouyn-Noranda qui décideront du contenu de la prochaine attestation et qui auront donc à trancher ce dilemme. Vraiment ? Le ministère de l'Environnement a en tout cas lancé une consultation citoyenne début septembre afin de déterminer les orientations générales du renouvellement de l'autorisation d'exploitation de la fonderie. Les habitants de Rouyn-Noranda ont jusqu'au 20 octobre pour se positionner, à la suite de quoi le ministère rendra sa décision à la fin du mois de novembre. Pour l'avenir de la fonderie Horne vieille de 100 ans, un compte à rebours décisif a commencé. Et pour les citoyens de Rouyn-Noranda, les six semaines à venir s'annoncent particulièrement intenses.

15 DE L'ÉTHIQUE DANS LE BUSINESS

Les chiens ne font pas des chats. À l'instar de son créateur Marc Rich, le parcours de Glencore est émaillé de polémiques et d'affaires sulfureuses. En 2003, Roselyne Bachelot, la ministre française de l'Écologie, compare les dirigeants de l'entreprise à des voyous organisés en «système mafieux, qui s'intéressent à toutes les failles des législations pour gagner le maximum d'argent». Le nom de Glencore revient à l'époque dans les affaires de la marée noire causée par le naufrage du *Prestige* et de la pollution du site de Metaleurop Nord dans le Pas-de-Calais. En 2012, la Radio télévision suisse révèle que l'entreprise se fournit en matières premières dans une mine congolaise où travaillent des enfants de 10 ans. En 2017, le Consortium international des journalistes d'investigation dévoile les stratégies d'optimisation fiscale de Glencore aux Bermudes dans le cadre des Paradise Papers.

En 2021, l'ONG Amnesty International exprime ses inquiétudes sur l'état de santé des habitants d'Espinar au Pérou, où la multinationale exploite une mine de cuivre à ciel ouvert.

La plupart du temps, Glencore s'en sort sans condamnations judiciaires. Excepté quand la multinationale plaide coupable pour ses méfaits. C'est le cas en 2022 après plusieurs années de travail de la justice américaine et de l'agence gouvernementale britannique le Serious Fraud Office (SFO). Pour mener leurs investigations, les magistrats américains et le SFO se sont appuyés sur plus d'un million de documents : des fichiers provenant du service des ressources humaines de l'entreprise, des pièces comptables, des listes interminables d'e-mails et des messages téléphoniques échangés entre les employés. L'analyse de cette masse d'informations a permis de mettre au jour un important système de corruption dans cinq pays d'Afrique.

L'exemple le plus probant est certainement celui du Nigeria. Avec 219 millions d'habitants, c'est le sixième pays le plus peuplé du monde. La moitié de la population vit sous le seuil de pauvreté extrême, c'est-à-dire avec moins de 2 dollars par jour. Le pays figure pourtant parmi les dix plus grandes réserves attestées de pétrole au monde. De quoi attiser l'appétit des traders de Glencore. Dans le rapport du SFO, on apprend que la multinationale a passé un contrat avec une entreprise spécialisée de longue date dans le commerce du pétrole au Nigeria, anonymisée sous le nom de NG. Celle-ci s'engage à assister, à conseiller et à identifier de nouvelles opportunités commerciales pour Glencore dans ses activités d'import-export. Plusieurs clauses anticorruption figurent dans le document pour le rendre conforme à la législation britannique, où Glencore est cotée en bourse.

Le 5 juin 2012, NG encourage Glencore à faire part de ses préférences pour des livraisons de pétrole prévues au mois d'août par la compagnie pétrolifère nationale du Nigeria, la Nigerian National Petroleum Corporation (NNPC). C'est chose faite dès le lendemain. Le choix de Glencore se porte sur 950 000 barils en provenance des champs d'Antan, d'Erha ou d'Okwoni, réputés de bonne qualité, à livrer durant les dix derniers jours d'août. Le 19 juin, Glencore informe NG que, si la transaction se réalise, cette entreprise recevra 0,30 dollars par baril en paiement des services rendus pour la transaction réalisée, soit un total de 285 000 dollars auxquels seront ajoutés 11 400 dollars pour frais divers. Le même jour, NG échange plusieurs messages avec deux traders de Glencore :

> [La NNPC a] des réunions demain sur les approvisionnements. Nous aurons un meilleur aperçu des volumes

disponibles après ça. Je dois vous dire qu'ils ont essayé de nous proposer du pétrole du champ d'Usan. J'ai refusé. Ils ont tendance, sous pression, à favoriser les traders locaux plutôt que les grands traders internationaux.

« Sous pression » est un nom de code pour évoquer les demandes de bakchich des officiels de la NNPC.

J'ai répété que nous ne voulions pas d'Usan. Et tant pis si nous ratons un cargo ce mois-ci, non ? Je ne veux pas vous alarmer mais je tiens à être absolument transparent avec vous. Je vais suivre la situation dans les deux prochains jours et je reviendrai vers vous. Si vous avez la possibilité de vous montrer plus flexibles, cela nous aiderait à obtenir les bonnes quantités et un de nos premiers choix en termes de provenance.

Le lendemain, un des traders répond que, pour lui, s'il n'y a qu'Usan de disponible, alors il préfère faire l'impasse. Dans la journée, NG apprend qu'il serait possible d'obtenir du pétrole en provenance d'un autre champ, celui d'Ea :

Désolé les gars mais ils font monter la pression. J'ai besoin de savoir ce que vous voulez clairement, s'il vous plaît. Ea est très qualitatif à leurs yeux et ils sont sous pression pour nous donner autre chose. Est-ce qu'on prend Ea ou est-ce qu'on fait l'impasse ce mois-ci ?

Alors que les traders confirment qu'Ea pourrait faire l'affaire, NG rebondit avec une bonne nouvelle. La NNPC est finalement prête à fournir du pétrole d'Erha, l'un des premiers choix de Glencore. Le jour suivant, les traders et le représentant de NG échangent les messages suivants :

> Glencore :
> Est-ce que tu sais quand nous serons livrés mon ami ?
> NG :
> Rien de gravé dans le marbre pour l'instant. Cette semaine était pleine de va-et-vient sur les volumes, les dates et les provenances. J'espère en savoir plus ce soir.
> Glencore :
> Un cargo début août serait la MORT pour nous, donc merci de faire le nécessaire pour qu'on soit livré le plus tard possible. Merci chef.
> NG :
> Waoh, OK, je contacte la NNPC.

La livraison aura finalement lieu lors des dix derniers jours du mois d'août, comme espéré initialement par Glencore.

Au total, le SFO a relevé quinze collaborations de ce type entre Glencore et NG du printemps 2012 au printemps 2014. Chaque fois, deux mois avant la livraison escomptée, un virement bancaire d'en moyenne 270 000 dollars était effectué de la multinationale à son partenaire sur un compte enregistré à la Standard Chartered du Nigeria. Officiellement, tout était en ordre. Un avenant était ajouté au contrat entre les deux entreprises et NG émettait une facture correspondante pour « frais de service ». En réalité, ces « frais de service » servaient à corrompre les responsables de la NNPC pour favoriser Glencore dans les attributions de matières premières.

Des malversations du même acabit ont été relevées par l'enquête du SFO au Cameroun, en Côte d'Ivoire, en Guinée équatoriale et au Soudan du Sud. Entre 2011 et 2016, Glencore a rémunéré des intermédiaires pour un montant d'environ 29 millions de dollars, dont une partie aurait servi à corrompre des décideurs africains. Glencore disposait pourtant depuis 2011 d'un règlement interne anticorruption. Celui-ci stipulait notamment qu'aucun employé ne souffrirait de sanction ou de rétrogradation pour avoir rapporté une suspicion de violation dudit règlement, ou pour avoir refusé de payer un pot-de-vin nécessaire à l'obtention d'un marché. S'appuyant sur le témoignage d'un ancien trader, le SFO note un « fort contraste » entre la culture de la compagnie et son propre règlement. « Les pots-de-vin auxquels j'ai assisté et participé étaient cautionnés. Lorsque je voyais un membre de notre Business Ethics

Committee avec un représentant de NG à Londres, je ne me questionnais pas sur l'inconséquence de nos règles contre la corruption que j'avais pourtant signées. »

En novembre 2022, les juges de la Southwark Crown Court ont condamné Glencore à une amende de 183 millions de livres et à la confiscation d'actifs obtenus illégalement pour un montant de 93 millions de livres. En réaction, le président de l'entreprise, Kalidas Madhavpeddi, déclare que les faits reprochés sont inexcusables et que son groupe s'engage à renforcer son programme Éthique et Conformité, « construit autour de standards et de procédures d'évaluation des risques basés sur les meilleures pratiques internationales comprenant des initiatives de formation et de sensibilisation, ainsi que des systèmes de surveillance ».

La condamnation de Glencore par la justice britannique s'ajoute à celles prononcées aux États-Unis. En 2022, la cour fédérale du Connecticut a imposé à l'entreprise le versement d'une amende de 341 millions de dollars et la confiscation de 144 millions de dollars après que l'entreprise a plaidé coupable dans une affaire de manipulation des marchés. Dans la foulée, la cour fédérale du district sud de New York l'a condamnée à une amende de 428 millions de dollars et à la confiscation de 272 millions de dollars pour des faits de corruption. Plus de 1 milliard de dollars en tout qui, c'est certain, pèseront sur les comptes de l'entreprise, mais ne signeront pas pour autant sa cessation d'activité. Devant ces montants étourdissants, les voix de Nicole Desgagnés, de Muriel et Pierre Vincelette ou encore de Marc Nantel paraissent bien frêles. Aussi ténues que les cris des enfants de l'école Notre-Dame pendant la récréation, face au bruit des machines, au vrombissement des moteurs et à la combustion sourde des métaux dans le réacteur de la fonderie Horne.

16 LA CONSULTATION

Automne 2022

La nuit, depuis la rive sud du lac Osisko, la fonderie Horne ressemble étrangement à un château fort. Plongées dans une obscurité mollement contrariée par les lueurs voilées de la lune et celles pas beaucoup plus vaillantes de lampadaires épars, les imposantes cheminées prennent soudain la forme de donjons impassibles, et les murs de l'usine font inévitablement penser à des remparts. Plantée sur le ponton en bois construit par Guy au bout de leur jardin, Nicole fait face aux seigneurs de la ville. Pensive. Depuis son poste d'observation, elle pourrait presque apercevoir la famille Vincelette. À l'heure qu'il est, les enfants doivent être couchés depuis longtemps. Et peut-être même les parents.

Nicole prend une dernière grande respiration et repart en apnée devant son écran d'ordinateur, l'esprit occupé par l'ensemble des informations que, depuis quelques jours maintenant, elle s'échine à classer, à vérifier, à synthétiser en vue de la consultation publique. Consciencieusement, elle compile toutes les données collectées depuis trois ans et soumet la validation de chaque partie de son texte aux membres du comité ARET. L'enjeu est de taille. Il faut trouver les mots justes pour faire pencher la balance en faveur d'une réduction des émissions d'arsenic dans l'air au niveau de la norme nationale. Mais quel ton adopter ? Coriace et inflexible, au risque de braquer les politiciens et les hauts fonctionnaires du ministère, installés dans le plus haut gratte-ciel de la ville de Québec ? Ou bien froid et raisonné, les faits, rien que les faits, les chiffres, rien que les chiffres, au risque de ne pas les toucher au cœur ? Dans son bureau, les tournures de phrases tourbillonnent autour de Nicole. Pour chacune d'entre elles, elle pèse le pour et le contre, tente de deviner l'effet que produira telle ou telle formulation.

De son côté, le pédiatre Pierre Vincelette est lui aussi éveillé. Comme Nicole, à cette heure tardive de la nuit, ses doigts tapotent en cadence les touches de son clavier d'ordinateur. Éclairé par la simple lumière bleue de son appareil, il répond aux messages de Nicole, mais finalise aussi sa contribution personnelle à la consultation publique – un document qu'il veut complémentaire à celui d'ARET. Cinquante-deux pages dans lesquelles il explore les diverses études publiées dans le monde sur les conséquences de la contamination à l'arsenic. Cette revue de littérature scientifique le conforte, s'il le fallait encore, dans sa conviction que fœtus et jeunes enfants sont particulièrement vulnérables face à une exposition chronique à l'arsenic. Il entend ainsi répondre à cette rumeur que l'on entend parfois en ville et qui vise à dédouaner l'arsenic de ses méfaits supposés. Cette petite musique persistante, implantée insidieusement par on ne sait qui, raconte que l'arsenic serait totalement inoffensif en comparaison du tabagisme, du sucre ou de la sédentarité. Comme si pointer du doigt la peste pouvait réhabiliter le choléra.

Toute personne concernée peut participer à la consultation et la fonderie y va aussi de sa contribution. Elle campe sur sa position du mois d'août. Si l'État lui demande d'atteindre l'objectif de 15 ng/m^3 dans cinq ans, elle l'atteindra, mais elle ne pourra « ni faire plus, ni plus vite ». Pour autant, le rapport qu'elle rend public renferme un étonnant paradoxe. Elle y déclare avoir « sollicité », et donc rémunéré, des experts dont les analyses remettent en cause les travaux de la Santé publique. L'entreprise Intrinsik, spécialisée en santé et environnement, et qui revendique trente-cinq années d'expérience à aider ses clients à atteindre leurs objectifs, explique ainsi que les ongles prélevés sur les enfants du quartier Notre-Dame en 2018 n'ont pas fait l'objet d'un « nettoyage approprié selon des méthodes normalisées ». Dès lors, elle estime que les données de l'étude de biosurveillance « ne devraient pas être utilisées pour la prise de décision liée à la nécessité de prendre des mesures d'atténuation ».

À propos du lien éventuel entre les émissions de la fonderie et les risques de maladies encourus par la population, MESIQ, une entreprise de conseil en toxicologie environnementale, enfonce le clou : « Vu le caractère théorique de l'exercice, incluant les facteurs de surestimation du risque, le niveau d'incertitude dans les données et les hypothèses conservatrices utilisées, on ne peut associer les émissions de la fonderie Horne à un risque réel de cancer cliniquement détectable dans la population de Rouyn-Noranda. » La fonderie recommande donc qu'une nouvelle étude de biosurveillance soit menée par des experts indépendants. Malgré ces réclamations, la fonderie s'engage à investir la somme « colossale » de 480 millions de dollars en vue de construire une « nouvelle section de l'usine à la fine pointe de la technologie abritant un procédé compact hautement technologique afin de réduire les émissions à la source». Or, si les études de la Santé publique ont échoué à faire le lien entre les émissions de l'usine et un risque élevé pour les habitants de la ville, pourquoi donc s'empresser de dépenser un demi-milliard visant à réduire ces émissions ? C'est la question que se posent plusieurs habitants de Rouyn-Noranda.

Ainsi passe l'automne dans le chef-lieu de l'Abitibi-Témiscamingue. La ville ne s'est finalement pas embrasée malgré l'amoncellement d'étincelles durant l'été. Elle semble même avoir retrouvé un rythme normal. La rentrée des classes, le retour des séances hebdomadaires de natation et autres cours de chant, les barbecues rangés dans les abris de jardin, les apéros qui se font plus rares, les grasses matinées qui ne sont plus que de lointains souvenirs. L'implacable mécanique du quotidien a repris ses droits, mais il reste comme un fond d'excitation latente, reliquat de ces dernières semaines effrénées et débridées, presque tragicomiques en un sens. À bien y regarder, la ville paraît comme suspendue au prochain coup qui sera joué par les protagonistes de ce qui ressemble de plus en plus à une drôle de partie d'échecs.

La veille de la date fixée pour la fin de la consultation publique, une quinzaine d'habitants s'installent sur les rails qui servent à acheminer la matière première dont l'usine se nourrit pour fabriquer ses anodes de cuivre. Masque à gaz sur le visage pour ne pas être reconnus, ils veulent faire obstacle à ces produits qui, une fois fondus, contaminent leur environnement. Après trois heures de manifestation pacifique, la police les laisse quitter les lieux sans contraventions. Rideau. La nuit tombe sur la ville, puis l'hiver. Ne reste que l'attente. L'interminable attente, qui dure pour Mireille et son mari depuis ce jour d'avril 2019 où ils ont reçu les résultats des examens de leurs enfants. Plus d'un millier de jours et autant de nuits se sont écoulés depuis. À se demander si l'arsenic accumulé dans les corps de leurs enfants ne finira pas un jour par provoquer l'apparition d'un cancer ou d'une maladie nerveuse. À se demander s'il n'aurait pas mieux valu déménager pour ne plus jamais y penser. À douter aussi parfois de la nature du danger porté par les fumées de la fonderie. Et si nous nous étions inquiétés pour pas grand-chose ? Et si l'angoisse n'en venait pas à nous ronger de l'intérieur, bien plus intensément que l'arsenic ? Peut-être aurions-nous dû rester assis sagement dans un coin, reprendre notre vie comme si de rien n'était ? Et puis finalement revenir à la raison. Relire les messages de soutien sur les réseaux sociaux. Penser à ces affaires sanitaires qui ont « défrayé la manchette », comme on dit au Québec.

La pollution des eaux potables à Hinkley révélée par Erin Brockovich. La condamnation de Monsanto à San Francisco et des laboratoires Servier en France. Et se convaincre que l'on ne fait pas tout ça pour rien, qu'il reste un petit espoir pour David de renverser Goliath. Et puis attendre, de nouveau.

L'ensemble des contributions à la consultation publique est mis en ligne dix jours avant Noël. Les Rouynorandiens découvrent ainsi qu'une trentaine de mémoires provenant d'organisations en tout genre ont été envoyés au ministère de l'Environnement. Parmi les auteurs figurent le comité ARET, bien sûr, ainsi que le REVIMAT de Marc Nantel et l'Action boréale de Richard Desjardins, ou encore des associations médicales. Tous réclament le respect de la norme nationale au plus vite, c'est-à-dire le seuil des 3 ng/m³. Le Conseil de la Première Nation Abitibiwinni a également produit un avis. Les représentants de ce peuple autochtone, dont la grande majorité vit dans la réserve de Pikogan, à une centaine de kilomètres de Rouyn-Noranda, rappellent que la fonderie se situe sur le territoire traditionnel de leur communauté et font part de leur grande préoccupation vis-à-vis des contaminants dispersés par l'usine, étant donné l'importance de la chasse, de la pêche, de la cueillette et du piégeage dans leur mode de vie. De leur côté, la chambre de commerce et d'industrie de Rouyn-Noranda, l'Association minière du Québec, le Conseil du patronat du Québec se font, dans leurs rapports, nettement moins, voire pas du tout, pressants.

Le compte rendu de la consultation contient également un résumé des 142 mémoires adressés par des particuliers au ministère. À la lecture de ces textes, on reconnaît le ressentiment, la détresse et les questionnements qui, depuis des mois, bruissent partout en ville :

Citoyen(ne) 35 :

> J'ai embrassé cette ville avec tout ce que j'avais d'énergie et de cœur, et je crois avoir participé à son essor. Les seules raisons de mon départ, ce sont la présence de métaux lourds dans l'air et l'apathie du gouvernement face à la crise. Je me suis sentie trahie et en danger. J'ai constaté que je ne serai pas protégée assez vite pour calmer l'anxiété et la culpabilité que je ressentais d'avoir exposé mes enfants à ces poisons.

Citoyen(ne) 36 :

> Nous avons suivi à la lettre les recommandations de la Santé publique, à savoir : couvrir le bac de sable, nettoyer fréquemment les cadres de fenêtres et les plinthes. De plus, on devait laver fréquemment les planchers.

La maison est sale de retombées noires. C'est ce qui se voit, et qu'en est-il de ce qui ne se voit pas ?

Citoyen(ne) 39 :

Je suis résidente de Rouyn-Noranda depuis quelques années. Je vis quotidiennement le déchirement d'habiter dans un quartier des plus dynamiques au niveau culturel et social, tout en étant à deux pas d'une bombe à retardement. Je veux pouvoir ouvrir mes fenêtres sans crainte, l'été ! Je veux passer l'aspirateur sans me sentir coupable que mon enfant soit dans la maison ! Je veux faire un potager et manger la récolte sans avoir peur de m'intoxiquer aux métaux lourds !

Citoyen(ne) 28 :

J'étais autrefois très sportive, je n'ose plus sortir prendre l'air depuis deux ans.

Citoyen(ne) 52 :

J'ai toujours trouvé étrange la proximité du quartier avec la fonderie Horne, mais on m'assurait que les problèmes de pollution étaient chose du passé, et je me rassurais en me disant qu'avec les normes qui existaient au Québec, le gouvernement ne laisserait jamais des citoyens habiter un secteur où des émissions atmosphériques sont connues comme toxiques et nocives pour la santé. Je me sens méprisée par le gouvernement.

Citoyen(ne) 62 :

Pourquoi je dois passer mes soirées à m'informer, à faire des recherches, à essayer d'ouvrir les yeux à mes concitoyens – ce qui, en passant, crée énormément de conflits –, à me déplacer pour des consultations publiques, des marches, déposer des mémoires... Voyons donc ! Ce n'est pas le travail de nos dirigeants, de s'assurer de faire appliquer les lois ? Vous n'êtes pas supposés protéger la population ?

Citoyen(ne) 56 :

Comment allons-nous faire pour attirer des travailleurs de la santé si les normes des contaminants continuent à être dépassées ? Qui sera intéressé par prendre la relève ?

Citoyen(ne) 31 :

Qui va bien vouloir acheter une maison pour attraper un cancer ?

Citoyen(ne) 21 :

Comment puis-je penser mettre un enfant au monde à Rouyn-Noranda ?

Citoyen(ne) 22 :

Si j'avais su ce que je sais aujourd'hui, je ne serais jamais venue vivre ici.

Adossés à ces contributions figurent les résultats du sondage auquel 1 258 Rouynorandiens ont participé. Sans surprise, la majorité des répondants rejette l'idée d'une limitation à 15 ng/m^3 à atteindre dans un délai de cinq ans. Le gouvernement tiendra-t-il compte de ce résultat ? Il s'était engagé à rendre sa décision à la fin du mois de novembre 2022, mais l'afflux des contributions à la consultation a retardé l'échéance. En attendant, on ne peut que spéculer sur l'avenir.

17 L'ASSEMBLÉE GÉNÉRALE

À 10 000 mètres au-dessus de l'Atlantique, quelque part entre Montréal et Zurich, Willie Gagnon peine à trouver le sommeil. Il relit pour la énième fois le texte qu'il a préparé pour le lendemain et se demande, de la cravate ou du nœud papillon, quel est l'attribut le plus approprié pour l'assemblée générale d'actionnaires d'une entreprise comme Glencore. Il avale une gorgée de ce thé tiède et insipide que l'on sert sur les long-courriers, puis se replonge une dernière fois dans son document en se disant que, finalement, un pull sans manches enfilé sur sa chemise ferait tout aussi bien l'affaire. À son arrivée en Suisse, Willie Gagnon prend la direction de Zoug, l'un des cantons helvètes les plus favorables à la domiciliation des multinationales, du fait de la faiblesse de son taux d'imposition. Muni de son précieux sésame d'actionnaire de Glencore acquis quelques mois plus tôt, il décline son identité auprès des hôtes d'accueil tirés à quatre épingles et entre dans l'amphithéâtre cossu, où il ne reste plus que quelques minutes avant que l'assemblée ne commence. Il jette un bref coup d'œil à l'estrade. La plupart des administrateurs sont déjà sur scène, confortablement installés, dos à l'écran géant sur lequel apparaissent en grandes lettres les slogans « *Energizing today* » et « *Advancing tomorrow* ». La lumière vive qui irradie la tribune fait luire leurs visages sérieux et concentrés. Lorsque son voisin le plus proche le sort de son observation pour le saluer, Willie Gagnon lui renvoie aimablement un « *Hello, how do you do* » et se présente comme le directeur général du MEDAC, une organisation québécoise fondée en 1995 qui s'est donné pour mission d'éduquer et de défendre les « petits actionnaires » en les informant de leurs droits et en leur offrant des espaces d'échange. Il garde pour lui que sa mère vit à Rouyn-Noranda et qu'il est donc bien au fait de ce qui se joue là-bas. De toute façon, il y a bien peu de chances que son interlocuteur ait déjà entendu parler de la fonderie Horne, simple rouage dans l'immense salle des machines de Glencore.

À l'origine, l'idée de Willie Gagnon, en achetant une action de Glencore, était de soumettre une résolution au vote des actionnaires pour contraindre la multinationale à limiter ses émissions d'arsenic en Abitibi-Témiscamingue. Les statuts de l'entreprise – déposés à Jersey – l'en ont dissuadé. Il aurait pour cela fallu que l'ensemble de ses actions représente 2,5 % du total des votants, ce qui équivaut à une somme considérable, ou bien qu'il réunisse autour de lui 50 personnes détenant en moyenne 100 dollars en actions. Et, dans les temps impartis, Willie Gagnon n'a malheureusement pas réussi à trouver 49 autres Willie Gagnon prêts à le suivre dans cette démarche. En bon connaisseur des assemblées générales de grands groupes, le directeur du MEDAC a tout de même pu adresser par écrit une question au *board* de l'entreprise avant de partir et s'est assuré qu'il pourrait la poser au micro le moment venu.

« Quand allez-vous prendre les mesures nécessaires pour cesser la pollution de l'air à Rouyn-Noranda ? » Voilà, c'est maintenant chose faite, la question est lancée après un léger cafouillage pendant la lecture de son texte d'introduction – Willie Gagnon ayant insisté pour s'exprimer en français, alors que seul l'allemand avait été prévu par les organisateurs comme alternative à l'anglais. L'homme affable et grisonnant qui lui répond est le président de Glencore, Kalidas Madhavpeddi. Vingt-cinq ans de carrière dans l'entreprise minière américaine Phelps Dodge puis dix à la tête de China Molybdenum International l'ont rompu à l'exercice, tout comme sa participation aux conseils d'administration de plusieurs grandes sociétés minières. Comme Willie Gagnon a pris soin d'envoyer sa question à l'avance, Kalidas Madhavpeddi n'a qu'à lire, à travers les lunettes rectangulaires posées au milieu de son nez, la réponse que son équipe lui a préparée : la fonderie réduit continuellement ses émissions, elle investit massivement en ce sens, elle a fait des propositions au gouvernement québécois et elle attend maintenant leur validation. Ces éléments de langage bien rodés ont pour effet de montrer que Glencore est sur le coup, tout en restant suffisamment flous pour ne pas donner prise à la contradiction. Une réponse énoncée en une minute tout rond. Willie Gagnon ne s'attendait pas vraiment à autre chose. L'important pour lui était de porter l'affaire à la connaissance des autres actionnaires. Charge à ceux-ci désormais de faire l'effort de se renseigner pour en savoir plus. Et puis, c'est toujours mieux que les quarante-six secondes consacrées à la question d'ouverture : « Pourquoi y a-t-il des manifestants devant la salle ? » (Réponse en résumé : « Je ne sais pas. ») Et mieux encore que les trente et une secondes consacrées à la question suivante sur la santé des populations vivant près des mines de charbon de Glencore en Colombie. (Réponse en résumé : « Nous continuons à travailler avec le gouvernement pour avancer sur la situation. »)

Willie Gagnon prend conscience à cette occasion qu'il n'est pas le seul à être venu avec son cahier de doléances. Toutes les questions portent globalement autour d'éventuelles violations des droits humains ou environnementaux par l'entreprise. L'assemblée a commencé depuis une demi-heure maintenant, et Kalidas Madhavpeddi montre quelques signes d'impatience. Alors qu'un représentant de travailleurs péruviens s'apprête à prendre la parole, il lui demande de faire court si possible. « J'aimerais laisser du temps aux actionnaires qui ont des questions sur notre business. », ajoute-t-il comme justification. Il se ressaisit toutefois quelques instants plus tard en offrant un large sourire à l'assemblée : « C'est très enthousiasmant pour nous de répondre à ces multiples questions. » Au bout d'environ une heure de ce petit jeu de questions-réponses, un homme prend le micro, visiblement exaspéré, pour dire tout haut ce que certains pensent tout bas : « Je participe à des assemblées générales de compagnies minières à Londres pendant plus de trente ans. Je n'ai jamais vu de réponses si inadéquates aux questions posées. Des réponses certes formulées avec politesse, mais si courtes et si inadaptées que je les considère comme une marque d'irrespect envers des personnes qui sont venues de loin et souffrent du fait des activités de cette entreprise. Je suis littéralement horrifié et j'espère que les choses changeront l'année prochaine.» Avec un calme olympien, Kalidas Madhavpeddi explique que si ses réponses sont aussi succinctes, c'est qu'il veut pouvoir traiter le maximum de questions possibles. Dont acte.

Une vingtaine de minutes plus tard, le président pointe du doigt une femme assise au premier rang pour une dernière intervention: «Cher président, j'aimerais vous féliciter. Glencore est une excellente entreprise. Elle crée beaucoup de bien dans le monde. En tant qu'actionnaire de longue date, je suis familière de vos activités, j'ai vu ce que vous faisiez et je tiens à vous remercier chaleureusement.» Son intervention est suivie d'applaudissements nourris. Kalidas Madhavpeddi a définitivement repris la main, si jamais il l'avait un tant soit peu perdue. Il peut annoncer la fin de la session, remercier les actionnaires, les inviter à voter les différentes résolutions puis à le rejoindre pour le cocktail devant l'auditorium, où il aura plaisir à rencontrer tout un chacun, «quelles que soient les questions posées». Un plaisir d'autant plus savoureux qu'il apprendra bientôt sa réélection au conseil d'administration de Glencore avec plus de 88 % des voix en sa faveur.

En moyenne, les dix-huit résolutions proposées par la direction sont adoptées avec 94 % de votes favorables. Une seule résolution, portée par un groupe d'actionnaires coordonné par le Centre australien pour la responsabilité des entreprises, et s'intéressant aux modifications du plan d'action pour la transition climatique de Glencore, est refusée par 70 % des votants. Oui, décidément, la voix des Rouynorandiens paraît bien frêle face à la redoutable entreprise qui possède leur fonderie.

18 TABERNAK

Janvier-avril 2023

C'est en janvier 2023 que le ministère de l'Environnement fait enfin parvenir à la fonderie un projet de nouvelle attestation quinquennale. La consultation publique n'y a finalement rien changé, l'accord proposé reste celui évoqué en août : 15 ng/m^3 à atteindre au plus tard le 1er janvier 2027. Un mois plus tard, une missive cinglante atterrit sur le bureau du ministre. Alors que les dirigeants de la fonderie s'étaient jusque-là montrés plutôt conciliants avec le gouvernement québécois, ils ont cette fois-ci sorti les gants de boxe. Dès la deuxième page, Claude Bélanger, chef des opérations « cuivre » pour Glencore en Amérique du Nord, et ses collègues décochent un direct du droit au ministère. Ils se disent « déconcertés de constater que [le projet d'attestation] contient des conditions injustifiées et déraisonnables, découlant de prémisses inexactes et de perceptions erronées». Page 3, dans une partie intitulée «Vices fondamentaux de l'autorisation proposée, solutions imposées hâtivement sans étude adéquate et lacunes scientifiques», Claude Bélanger enchaîne avec un violent uppercut. Certaines conditions du projet d'attestation ne sont fondées, selon lui, sur aucune justification scientifique valide et sont sans bénéfice pour l'environnement et la santé de la population. Puis c'est un nouveau direct du droit: «Votre ministère impose des solutions avant même que les causes exactes aient été identifiées ou que le gain de différentes alternatives ait pu être évalué adéquatement. Il fait ainsi fi de la complexité des enjeux et du rôle central que doit jouer l'entreprise dans l'identification des solutions et des mesures optimales.» Fin du premier round. Assis sur sa chaise au coin du ring, l'homme d'affaires trouve encore le moyen d'envoyer un avertissement au ministère: «Il va sans dire qu'un investissement financier de l'ampleur de celui annoncé par la fonderie peut se concrétiser avec succès uniquement si l'entreprise est confiante que le gouvernement partage sa vision. [...] Un tel investissement financier devient au contraire incertain si le gouvernement impose des obligations non fondées sur la science, inatteignables sur le plan technique et n'ayant aucun bénéfice réel sur la santé de la population.» On n'ose alors imaginer ce que la fonderie va exiger. Mais on a tort. Après avoir déployé toute cette verve, Claude Bélanger se contente de demander un report de huit mois pour atteindre les 15 ng/m³. La fonderie ne pourra pas remplir ses obligations avant le 1er janvier, mais sera prête pour le 1er septembre 2027. Se dégage la drôle impression d'assister finalement à une partie de poker plutôt qu'à un combat de boxe. Avec toujours cette même question qui demeure sans réponse: pourquoi engager un investissement financier de grande ampleur si la situation sanitaire n'est pas aussi préoccupante qu'on le dit?

Si le ministère de l'Environnement s'est senti agressé par la lettre des dirigeants de la fonderie, il ne le laisse pas transparaître. L'attestation gouvernementale est officiellement délivrée le 16 mars. Le 1er septembre 2027 est retenu comme date pour atteindre les 15 ng/m³ d'arsenic dans l'air, comme demandé par la fonderie. L'installation de nouvelles stations de mesure et des contrôles plus fréquents figurent dans le document, tout comme l'obligation pour la fonderie de remettre au gouvernement un plan d'action pour tendre un jour vers les 3 ng/m³, mais sans contrainte de délai. Les positions du gouvernement n'ont pas bougé d'un iota alors que la majorité des sondés s'y étaient opposés. À se demander si les convictions du ministère n'étaient pas gravées dans le marbre avant même le lancement de l'enquête publique, comme on le voit si souvent dans les démocraties du monde entier lorsqu'il est question de consulter les citoyens.

Les habitants de Rouyn-Noranda ont à peine le temps de digérer l'information que celle-ci est chassée par l'annonce d'une nouvelle mesure gouvernementale : la relocalisation dans un avenir proche d'environ 200 ménages dont l'habitation jouxte l'usine afin de permettre la création d'une « zone tampon ». Quatre-vingt-deux bâtiments compris entre la ruelle Carter, l'avenue Portelance, les 4e et 9e Rues sont concernés. Le ministère de l'Environnement donne mandat à Glencore pour acquérir les terrains, démolir les logements et verdir la zone. Il promet en même temps l'investissement de 58 millions de dollars pour relocaliser les habitants.

La création d'une zone tampon est un serpent de mer à Rouyn-Noranda. Des années que l'on en entend parler régulièrement sans jamais y croire vraiment. La confusion prime dès l'annonce de sa mise en place. Qui sera en charge de la relocalisation ? Dans quels délais ? À quel prix seront rachetées les maisons ? En pleine crise du logement, où vont pouvoir déménager les personnes expropriées ? D'ailleurs, s'agit-il à proprement parler d'une expropriation ? Au Parlement du Québec, le ministre en charge de la région de l'Abitibi-Témiscamingue a déclaré que le gouvernement ne forcerait la main de personne. Mais si certains ne s'en vont pas, est-ce que cela voudra dire qu'il n'y aura finalement pas de zone tampon ? Dans la tête de chacun plane le souvenir de Malartic, une ville minière voisine, à 80 kilomètres à l'est de Rouyn-Noranda. Au début des années 2000, la corporation minière Osisko avait obtenu du gouvernement l'autorisation d'exploiter une mine d'or à ciel ouvert, dont d'importants gisements se situaient sous un quartier de la ville. Le début de longues tractations entre l'entreprise et les habitants. Un torrent de haine avait alors déferlé sur Malartic, séparant à jamais les citoyens en faveur du projet de ses opposants. Marc Nantel avait suivi l'affaire en tant que représentant du REVIMAT. Il avait vu l'hostilité s'immiscer jusqu'au cœur des familles. Il se souvient des couples déchirés, des amitiés brisées, des fratries en venant aux mains, des enfants traumatisés.

Son conseil n° 1 aux habitants de la future zone tampon du quartier Notre-Dame est surtout de ne pas accepter de discuter de gré à gré avec les représentants de la fonderie et de l'État. Il faut se réunir en assemblée, parler à cœur ouvert et prendre des décisions ensemble pour éviter de rejouer les traitements de faveur, les non-dits et les rumeurs qui ont miné Malartic. C'est exactement tout l'inverse que propose Guylaine Marcoux, l'administratrice d'État en charge du dossier. Interrogée dans l'émission *Ça vaut le retour* sur Radio-Canada, elle martèle à douze reprises en douze minutes sa volonté de recueillir les besoins des habitants individuellement pour pouvoir adapter au mieux le plan d'action du gouvernement. Marc Nantel craint dans cette démarche une absence de transparence qui risque de nuire à la population dans son ensemble. Il craint aussi la pression que pourraient exercer les services de l'État sur des citoyens seuls et démunis. En attendant, ce que l'on comprend en écoutant l'interview de Guylaine Marcoux, c'est que le gouvernement n'a pas préparé de plan d'action. La zone tampon est une solution envisagée depuis plusieurs années, mais les déclarations de l'administratrice laissent à penser que sa mise en place n'a jamais été sérieusement étudiée. Ou peut-être ne s'agit-il ni plus ni moins que d'un écran de fumée. Tout a été soigneusement pensé à l'avance, mais l'État préfère jouer publiquement la carte de la consultation pour ne pas s'attirer les foudres des citoyens. Comment expliquer sinon le chiffrage d'un budget à 58 millions de dollars

– pas 57, pas 59 – pour financer cette opération de relocalisation ? Quelle que soit la vérité, le sentiment que le gouvernement a favorisé la fonderie plutôt que les habitants l'emporte une fois de plus dans l'opinion.

Dans le quartier touché où se côtoient ouvriers, artistes, chômeurs, retraités et travailleurs associatifs, les émotions, elles aussi, sont mélangées. Bien sûr, l'idée de quitter un quartier pollué où la poussière industrielle macule les fenêtres, où l'on entend un bruit de fond en continu et où l'on respire quotidiennement de l'air vicié a de quoi convaincre. Mais partir, c'est aussi pour beaucoup un profond déracinement. Plusieurs d'entre eux ont vécu toute leur vie dans le quartier. L'État promet une relocalisation aux mêmes conditions financières. Mais pourra-t-il retisser les liens entre voisins ? Pourra-t-il offrir la même vie de quartier où l'on peut tout faire à pied ? Pourra-t-il dédommager l'attachement porté aux maisons où l'on a grandi ? De tout cela l'État ne dit rien. « Pourquoi c'est à nous de nous éloigner et pas à l'usine », s'insurgent certains. « Et tout cet argent qui a servi à refaire les canalisations et à repaver le quartier depuis deux ans, crois-tu qu'ils auraient pu attendre avant de foutre tous nos impôts en l'air ? » D'autres préfèrent changer l'amertume en traits l'humour. « La fonderie achète nos maisons parce qu'elles sont tellement chargées en arsenic qu'elles vont leur servir d'intrants», «Je vais déménager 50 mètres plus loin, de l'autre côté de l'avenue Carter. Là-bas, c'est sûr, il n'y aura plus d'arsenic dans l'air» sont des blagues qui circulent dans le quartier.

Au 46 de la 7e Rue se trouve un bureau permanent d'information inauguré par la fonderie Horne une semaine après la signature de la nouvelle attestation gouvernementale. Objectif: répondre aux questions et aux préoccupations des citoyens. D'ordinaire si encline à faire briller son logo en ville, la fonderie a cette fois-ci opté pour la discrétion. Aucune pancarte ni horaires affichés à l'extérieur. On entre dans ce bureau étrangement vide, persuadé que l'on s'est trompé de porte. Mais non, c'est bien ici. Sur place, en alternance avec un autre employé, une jeune conseillère en communication explique à qui est venu s'aventurer dans cette contrée qu'il est important de prendre l'information à la source, parce que certains médias, vraiment, ne sont pas objectifs. Que c'est bien dommage car ils n'informent pas correctement les citoyens et, à la fin, cela nuit à l'image de la ville. La fonderie est en passe de devenir l'une des entreprises les plus vertes du pays. Elle dépense beaucoup d'argent pour y arriver. Il existe des endroits, en Ontario par exemple, où l'on n'est pas aussi exigeant sur les réglementations. Et puis, cette zone tampon, c'est l'État qui l'a imposée, pas la fonderie. S'il faut en vouloir à quelqu'un…

« Mais l'arsenic, ce n'est pas dangereux pour la santé ?

— Ça dépend à quelle dose.

— Oui, bien sûr, mais ici, à Rouyn-Noranda ?

— Ça dépend de vos croyances.

— Euh… c'est-à-dire ?

— Il existe plusieurs études à votre disposition si vous le souhaitez. Il y a celles fournies par la Direction de la santé publique et il y a celles fournies par la fonderie. Personnellement, je crois aux études fournies par la fonderie.

— …

— Après, c'est sûr que si toute cette situation vous rend nerveux, mieux vaut peut-être pour vous ne pas rester à Rouyn-Noranda. »

Le 17 avril 2023, soit un mois et un jour après le renouvellement de l'attestation délivrée à la fonderie, une trentaine de citoyens se sont de nouveau donné rendez-vous à l'hôtel de ville. Où sinon faire entendre leur dépit ? Le ministère de l'Environnement est à plus de 600 kilomètres de route. Et puis, de toute façon, à quoi bon faire le voyage ? Il n'y a qu'à voir la manière dont les résultats de la consultation publique ont été interprétés. Alors, on se rabat sur la réunion du conseil municipal. D'autant qu'aux yeux des militants celui-ci a péché en ménageant constamment la chèvre et le chou depuis le début de la crise, ne voulant se mettre à dos ni les habitants, ni le gouvernement, ni la fonderie. Ce soir, Mireille doit garder les enfants, elle ne viendra pas à la mairie. Nicole, en revanche, a séché le rendez-vous habituel du lundi au café avec ses amis pour être là. Elle n'a pas préparé d'intervention mais elle a envie de faire nombre et de prêter une oreille attentive à ce qui va se dire. À 20 heures précises, elle fait son entrée dans la salle du conseil, au premier étage de l'hôtel de ville. Sol gris, éclairage au néon. Tables en bois laqué disposées en U autour desquelles sont assis les élus, et trois rangées d'une dizaine de sièges pour le public. À quelques mètres d'elle, au milieu de la travée du fond, Nicole reconnaît Michel Gauthier. C'est un retraité de la compagnie Horne. Il a donné plus de vingt-cinq ans de sa vie à la fonderie. Il a gardé une dent contre son ancien employeur. Plusieurs de ses anciens collègues et amis sont morts de cancers. Alors, forcément, lorsque le conseiller municipal Réal Beauchamp a qualifié l'été dernier de « petits problèmes du quotidien » les interrogations des habitants du quartier Notre-Dame sur les précautions à prendre vis-à-vis de l'arsenic, Michel a eu des difficultés à déglutir.

La mairesse, Diane Dallaire, ouvre la séance. Sa voix grave, traînante et monotone donne l'impression qu'elle préférerait être partout ailleurs plutôt qu'ici. Elle tente bien de retrouver du courage en agrémentant de quelques sourires en coin son discours sur l'entretien des routes rurales, mais le cœur n'y est pas. Elle passe ensuite la parole au conseiller Réal Beauchamp, sommé de procéder à un compte rendu sur le lancement d'un projet d'ateliers de cuisine éducative. Celui-ci s'exécute, mais, dans la salle, l'assistance trépigne. Sans ambages, Diane Dallaire en vient donc au sujet de la fonderie et de la qualité de l'air. L'air las, elle déclare que la santé de ses concitoyens est sa priorité, qu'une nouvelle page de l'histoire démarre et que l'on peut compter sur un leadership fort de la mairie. En conclusion elle rappelle que, par mansuétude, elle a laissé beaucoup de temps aux prises de parole des citoyens lors des dernières réunions du conseil. Cette fois-ci, elle se montrera intransigeante. Pas plus de trente minutes, conformément au règlement. Il y a d'autres sujets à traiter à Rouyn-Noranda que celui-ci. Un homme se lève et se dirige vers le micro, une lettre à la main. D'une voix calme et posée, il déroule son texte :

« Conseillers, conseillères, madame la mairesse, je tiens d'abord à vous affirmer mon respect. J'entends parler de vous avec des expressions regrettables par les temps qui courent. Une remise en question de vos capacités, de votre intelligence, de votre travail. Et je vous défends chaque fois, je vous le promets. Vous êtes compétents, vous travaillez dur. Personne n'en doute. Le malentendu qui semble régner vient d'ailleurs. Ce n'est pas que vos communications soient mauvaises, ce n'est pas que votre écoute de la population manque de sincérité, c'est que nous ne sommes pas d'accord sur le fond. C'est l'éléphant dans la pièce.

« Nous ne sommes pas d'accord avec vous. Quinze nanogrammes d'ici à 2027, nous les refusons. Faire payer le prix de la pollution d'une entreprise à la population prise en otage dans une zone tampon et autour, nous ne sommes simplement pas d'accord. Les recommandations du ministère de l'Environnement en grande partie proposées par Glencore, qui menace en même temps de fermer si le gouvernement va trop loin dans la normalisation, nous ne les acceptons simplement pas. Vous pouvez nous dire que vous faites confiance aux scientifiques. Nous aussi, nous leur faisons confiance. Personne n'est contre la science. Trois nanogrammes par mètre cube vient également de la science.

« Mais il n'y a pas que de la science là-dedans. Ici on parle de choix qui sont politiques. C'est là que nous sommes désormais des adversaires. Vous, le conseil municipal, et nous, une partie de la population. Il faut le nommer, ça. Nous nous opposons à vous qui cautionnez la situation, tout autant qu'au ministère de l'Environnement qui plie sous les menaces de la fonderie. Notre crise à nous n'est pas celle de l'attractivité, de la crédibilité des institutions politiques, c'est celle de l'air, de l'eau, de la sécurité, de la sérénité. Cette pollution est une tare et nous refusons de vivre dans une ville tarée sans agir contre cette tare. La vérité, ce n'est pas que l'on ne se comprend pas, c'est que nous sommes des opposants politiques désormais. Et nous continuerons de l'être. Nous sommes très nombreux à être convaincus et vous semblez l'être aussi, mesdames, messieurs les conseillers, conseillères, madame la mairesse. En tout respect, vous avez choisi votre camp, nous avons choisi le nôtre. Vous dites que vous regardez désormais en avant. Nous aussi. Les médias nationaux et régionaux continueront de parler de nous. Nous allons continuer à faire tout ce que nous pouvons pour accéder à ce changement social que nous considérons comme nécessaire. En votant peut-être même aux prochaines élections. Vous avez salué notre mobilisation et vous risquez de nous saluer encore car nous allons continuer. Nous aussi, nous regardons en avant. »

Sa lecture est accueillie par un flot d'applaudissements. Les conseillers municipaux restent de marbre. Une femme prend la suite. Elle évoque ses maladies respiratoires et les concessions faites à la fonderie dans la nouvelle attestation. Pendant qu'elle parle, la mairesse regarde son écran d'ordinateur, avant de finalement lever les yeux tout en pianotant quelques touches sur son clavier. La troisième intervenante change de sujet. Il est ici question des dangers de la circulation autour d'une école. Cette fois-ci, la mairesse répond. Elle assure que la Ville va prendre la situation à bras le corps. Vous comprenez, on ne joue pas avec la vie des enfants. La quatrième citoyenne à prendre la parole revient avec beaucoup d'émotion au problème de la qualité de l'air. De nouveau, les conseillers municipaux demeurent impassibles, à part l'un d'entre eux qui affiche un sourire énigmatique. Un professeur d'histoire intervient. Il conclut en interpellant les élus : « Allez-vous continuer à baisser les bras ou comptez-vous défendre les intérêts économiques, culturels et sociaux de tous les citoyens et de toutes les citoyennes ? Et si vous comptez nous défendre, comment allez-vous vous y prendre ? »

S'ensuivent trois nouvelles interventions avant que Diane Dallaire ne finisse par réagir : « Pour ma part, je ne considère pas les groupes qui militent comme des opposants. » Déni de réalité. « Je vous invite à nous écouter nous aussi, ça va dans les deux sens. » Blessure de rejet. « Je comprends que le conseil municipal soit votre seule tribune, mais vous pouvez aussi adresser vos demandes directement au gouvernement. » Constat d'impuissance. Puis, soudainement, un ton accusateur : « Comment on va attirer les gens ici à Rouyn-Noranda ? Pour ça, il faut travailler ensemble ! » Une citoyenne demande alors à la mairesse de répondre à la question posée par le professeur d'histoire. Mais Diane Dallaire ne s'en souvient déjà plus. Du fond de la salle, le professeur la lui rappelle. La mairesse martèle alors que non, le conseil ne baissera pas les bras, qu'il jouera son rôle de vigie, que la santé de ses concitoyens reste sa priorité. Elle ne fait mention toutefois d'aucune action concrète.

C'est à ce moment que Michel Gauthier entre en scène. Il va au micro et rappelle l'affaire des « petits problèmes du quotidien ». Un « Tabernak ! » lui échappe entre deux phrases. Le juron siffle aux oreilles de Diane Dallaire, qui demande instantanément que l'on coupe le micro. Pas de grossièretés au conseil municipal. Comme si la scène avait été répétée à l'avance, une adjointe demande du tac au tac l'ajournement de la séance. Sans un bruit, les conseillers municipaux quittent la salle, laissant l'assistance groggy. Dépités, Michel Gauthier et les autres citoyens désertent les lieux pour aller trouver refuge dans un bar voisin. Nicole, encore abasourdie par la tournure des événements, préfère rentrer chez elle. Dix minutes plus tard, la séance reprend. Dans l'assistance, il ne reste plus que deux journalistes, un employé de la mairie et un habitant de Rouyn-Noranda. Au-dessus du bourdonnement émis par une soufflerie, la voix grave du directeur général de la mairie surnage. Lentement, comme dans une séance de méditation collective, il égrène les nominations du personnel et les nouvelles embauches, plongeant l'ensemble du conseil municipal dans un insondable mutisme.

ÉPILOGUE

HÉRITAGES

Dès les prémices de leur implantation sur le sol canadien, les colons venus d'Europe, puis leurs descendants après eux, ont sorti les haches et considéré leur nouveau terrain de jeu comme une vaste réserve de bois pour le continent dont ils étaient originaires. Cette vocation fondatrice n'a jamais disparu. Ni des mentalités, ni des réalités économiques du pays. Si ce n'est que les Canadiens ont pris soin au cours du temps de diversifier leur production, ainsi que leurs débouchés commerciaux. Peu à peu, c'est le monde entier qui est venu s'approvisionner au Canada, n'y achetant plus simplement du bois, mais aussi des métaux précieux. Déjà, au début du XXe siècle, l'essentiel de la production mondiale de nickel, ce métal blanc argenté qui rend l'acier inoxydable et a joué de ce fait un rôle primordial lors de la Première Guerre mondiale, était extrait des mines de Sudbury en Ontario.

Puis le tour est venu du cuivre, du fer, du cobalt, de l'argent et de l'or. Chaque fois avec ferveur. Chaque fois avec frénésie. À la longue, l'esprit du trappeur originel qui pratiquait des prélèvements mesurés sur la nature s'est définitivement métamorphosé en un mythe lointain.

Cette histoire ne se conjugue pas qu'au passé. Facilités par une loi plus que centenaire sur les concessions minières, les projets d'exploitation se multiplient dans tout le Canada. Dans la région de Lanaudière, le nombre de *claims* a quadruplé entre le 1er janvier 2021 et le 30 juin 2022. Sur la même période, les *claims* ont augmenté de 71 % dans les Laurentides et de 211 % dans l'Outaouais. Dernière obsession des compagnies minières, le lithium, vénéré pour son rôle dans la fabrication de batteries électriques : projets Whabouchi, Authier, Rose et de la Baie-James au Québec ; projets Georgia Lake, Pakeagama Lake et Separation Rapids en Ontario ; projets Tanco et Thompson Brothers dans le Manitoba ; projets Clearwater et Sturgeon Lake en Alberta et projet des Prairies en Saskatchewan. Ce ne sont probablement pas les gestionnaires des finances publiques qui vont s'en plaindre. En 2021, les redevances collectées par le Trésor québécois frôlaient le milliard de dollars. De génération en génération, le pouvoir canadien perpétue sa tradition d'exploitation des ressources naturelles sans véritablement avoir l'air de se questionner, donnant ainsi raison à ce vieil adage : *On est ce qu'on hérite.*

Face à cette extension du domaine de la mine, des poches de résistance s'organisent. À Roquemaure, le conseil municipal a adopté une résolution pour protéger les eskers – sortes de formations géologiques fluvio-glaciaires ancestrales – face aux tentatives répétées d'exploration minière. À Arvida, les citoyens luttent courageusement pour la fermeture de l'aluminerie locale, plus grande usine émettrice de particules fines au Québec. Dans la région de Shawinigan, des habitants achètent des titres miniers pour préserver leurs terres de l'appétit des prospecteurs. Au niveau provincial, des députés réclament l'abrogation de l'article 246 de la loi sur l'aménagement de l'urbanisme, selon lequel aucun plan métropolitain, schéma d'aménagement, règlement de lotissement ou de construction ne saurait avoir pour effet d'empêcher l'exploration, la recherche ou l'exploitation de substances minérales. En clair, un texte législatif qui fait primer la mine sur n'importe quelle considération humaine ou environnementale. Au-delà de ces actions menées dans leur propre pays, les militants canadiens s'investissent également dans des réseaux internationaux d'opposition à l'industrie minière. Ils savent bien en effet que, lorsqu'ils réussissent à faire échouer un projet d'extraction chez eux, les compagnies partent assouvir leurs désirs métalliques sur d'autres continents.

À Rouyn-Noranda, beaucoup sont épuisés, cela dit. La mobilisation pour obtenir le respect des normes nationales est presque devenue un emploi à temps plein pour certains. De plus, il faut endurer les mauvaises nouvelles qui n'en finissent pas de tomber, comme l'annonce du départ du seul oncologue de la ville, inquiet de la mauvaise qualité de l'air. Pas question pour autant d'abandonner le combat tant que la santé des enfants sera toujours en péril. Pour tenir, on se rattache au plaisir des rencontres militantes avec des voisins qu'on ne connaissait pas jusque-là – des personnes avec qui l'on peut dorénavant partager ses angoisses pour calmer ses inquiétudes, à défaut de pouvoir les faire disparaître totalement. On se raccroche au retentissement médiatique obtenu dans tout le pays. Avec trois bouts de ficelle, les opposants à l'arsenic ont tout de même réussi à faire venir une bonne partie du gouvernement québécois dans leur lointaine contrée, habituellement délaissée. On repense à la créativité sans limites des collectifs de citoyens dans leurs actions. Analyse de la teneur en métaux lourds des potagers, campement d'autodéfense populaire, *die-in* devant le bureau du Premier ministre à Montréal : c'est comme si toutes les semaines germait spontanément une nouvelle initiative contre la pollution en ville, tant et si bien que l'on s'y perd même un peu. On se concentre enfin sur les avancées palpables. Car, si l'objectif à terme reste de réduire le taux d'émission d'arsenic dans l'air à 3 ng/m^3 maximum, le dernier abaissement de 100 à 15 ng/m^3 n'aurait jamais pu être décrété sans une forte mobilisation citoyenne. Les membres du comité ARET peinent à se l'avouer tant ils sont déçus de ne pas avoir obtenu plus, mais au vu de leurs moyens et de la robustesse du mur auquel ils se sont attaqués, leur réussite est somme toute ébouriffante.

Bien sûr, une lutte de cette envergure ne peut pas ne pas laisser de traces, comme l'héritage imprévu d'un parent lointain que l'on n'a pas eu le choix de refuser et avec lequel on est désormais condamné à vivre. Traces dans la ville. Quel visage arborera le quartier Notre-Dame, amputé de plusieurs dizaines de ses habitations emblématiques ? Traces dans les familles. Qui osera aborder ouvertement le sujet de l'arsenic aux repas de fête, quand chacun a un cousin ou une cousine qui travaille de près ou de loin à la fonderie ? Traces dans les esprits. Comment ne jamais douter désormais de l'air qu'on respire ? Comment être sûr que la fonderie respectera ses engagements ? Et si demain ce n'était plus l'arsenic, mais un nouveau poison que l'on absorbait quotidiennement sans s'en apercevoir ? On ne peut pourtant pas vivre en apnée.

Cette fonderie, les membres d'ARET le savent bien, lorsque l'on s'en éloigne en longeant le lac vers l'est pour aller se mettre à l'abri dans les sous-bois, en espérant apercevoir, qui sait, une grenouille léopard, une musaraigne cendrée ou un papillon tigré, on finit inévitablement par y revenir – avec la désagréable impression de tourner en rond. Mais Nicole, Pierre, Mireille et tous les autres peuvent être fiers d'eux. Fiers de s'être dressés face à la montagne et d'avoir tenu tête à l'inexorable. Fiers d'avoir défendu leurs enfants et petits-enfants. Fiers enfin d'avoir obtenu des résultats. Et peut-être en obtiendront-ils plus dans les années à venir. Fin 2023, deux Rouynorandiens se sont portés volontaires pour représenter l'ensemble des habitants de la ville dans une *class action* contre Glencore et le gouvernement du Québec. Les avocats du cabinet Siskinds Desmeules, spécialisé dans ce type de procédure, ont accepté d'engager des poursuites judiciaires en gageant leur rémunération sur une victoire finale au tribunal. Celle-ci pourrait mettre plusieurs années avant d'arriver, mais l'espoir est là. À défaut de pouvoir établir un lien irréfutable entre l'exposition à l'arsenic et le développement d'hypothétiques maladies à venir, l'acte d'accusation repose sur les dommages psychologiques endurés par les plaignants, le stress et la crainte d'élever un enfant dans un environnement toxique. À la clé, des indemnisations importantes de dizaines, voire de centaines, de milliers de dollars par personne concernée, mais aussi la reconnaissance par l'État de s'être trompé et d'avoir trompé ses citoyens.

Depuis sa création dans les années 1920, la ville de Rouyn-Noranda en Abitibi-Témiscamingue est indissociable, aux yeux de tous les Québécois, de son cuivre, de ses mines, de ses cheminées et de sa fonderie. Elle l'est désormais tout autant du combat de quelques-uns contre la pollution générée par l'atome n° 33.

NOTE AUX LECTEURS

Ce livre est le fruit de plusieurs mois de travail, dont la graine a germé lors d'un voyage au Québec effectué au printemps 2023. L'essentiel de son contenu provient de nombreux entretiens menés avec les habitants de Rouyn-Noranda, que je remercie ici d'avoir accepté de se prêter à l'exercice. Pour relater les origines de Rouyn-Noranda, je me suis principalement appuyé sur les travaux de la Société d'histoire de la ville. Les chapitres sur Glencore et la vie de son fondateur, Marc Rich, ont été écrits sur la base de sources diverses et variées, dont l'excellent livre *The King of Oil: The Secret Lives of Marc Rich* de Daniel Ammann (St. Martin's Press, 2009).

AUX ÉDITIONS MARCHIALY

JAKE ADELSTEIN,
Tokyo Vice
Le Dernier des yakuzas
J'ai vendu mon âme en bitcoins
Tokyo Detective

CRISTIAN ALARCÓN,
Que ma mort soit une fête

SINAR ALVARADO,
Portrait d'un cannibale

NOÉ ÁLVAREZ,
10 000 km

JORGE ENRIQUE BOTERO,
Attends-moi au ciel, capitaine

SEBASTIAN CASTELIER ET QUENTIN MÜLLER,
Les Esclaves de l'homme-pétrole

JEAN-CHARLES CHAPUZET,
Mauvais plan sur la comète
Du bleu dans la nuit

ÉLISE COSTA,
Les Nuits que l'on choisit

JOHN DANALIS,
L'Appel du cacatoès noir

TIMOTHÉE DEMEILLERS ET GRÉGOIRE OSOHA,
Voyage au Liberland

MARINE DUMEURGER,
Le Prince de Kalmoukie

SONIA FALEIRO,
The Good Girls

ÉMILIE FENAUGHTY,
Carcasse

SIMON FICHET,
Tornade

MICHAEL FINKEL,
Le Voleur d'art

ARMAND GATTI,
Envoyé spécial dans la cage aux fauves

MANON GAUTHIER-FAURE,
Les Pièces manquantes
Les Fantômes du lac

A. KENDRA GREENE,
Le Musée de la Baleine (que vous ne verrez jamais)

ALMA GUILLERMOPRIETO,
La Révolution, la danse et moi
Samba

ALLISON HOOVER BARTLETT,
L'Homme qui aimait trop les livres

KIRK WALLACE JOHNSON,
Le Voleur de plumes

THOMAS JUSQUIAME,
Circulez

KAPKA KASSABOVA,
Lisière
L'Écho du lac
Élixir

JAY KIRK,
Esquive le jour

RAPHAËL KRAFFT,
Les Enfants de la Clarée
Radio Surobi

JESSICA J. LEE,
Deux arbres, une forêt

ROMAIN LESCURIEUX ET ANTONIN VABRE,
La Montagne inversée

KARIM MADANI,
Jewish gangsta
Tu ne trahiras point

RAPHAËL MALKIN,
Le Rugissant
Lieutenant Versiga

JUAN PABLO MENESES,
La Vie d'une vache
Le Prodige
Un dieu à soi

CARLES PORTA,
Tor

MIGUEL PRENZ,
La Guerre des dinosaures

EVAN RATLIFF,
Disparaître dans la nature

ALBERTO SALCEDO RAMOS,
L'Or et l'Obscurité

ANJAN SUNDARAM,
Kinshasa jusqu'au cou
Bad News
Fracas

TAINA TERVONEN,
Les Fossoyeuses
Les Otages

TITAŸNA,
Une femme chez les chasseurs de têtes
Les Ratés de l'aventure

APARECIDA VILAÇA,
Paletó et moi

SIMON WORRALL,
Le Faussaire de Salt Lake City

RÉMI YANG,
Roses d'acier

Atome 33 est le soixantième ouvrage à rejoindre l'étagère Marchialy. Guillaume Guilpart est allé chercher la typographie Ziggurat pour les titres. Le papier de couverture est l'Old Mill Bianco de chez Fedrigoni, et le papier intérieur l'éternel Munken Print White.

Mise en pages : Studio Abble
Dépôt légal : février 2025
Achevé d'imprimer en décembre 2024
par Aubin Imprimeur
Numéro d'impression 2409.0066
Imprimé en France
ISBN : 978-2-38134-061-6

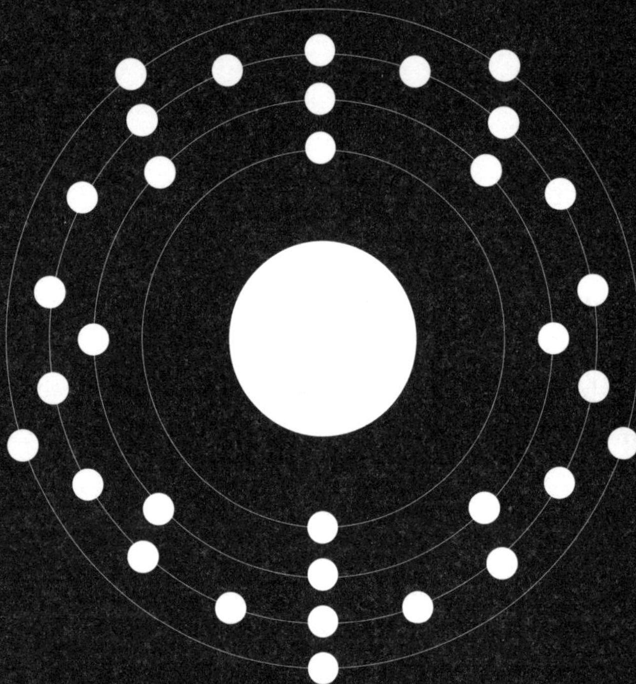